福大ベンチャー・ブックス①

学生が選んだ
魅力的な
経営者

福大ベンチャー起業論
竹田プロジェクト編

海鳥社

体験に勝る教育はない

まえがきにかえて

ランチェスター経営株式会社　竹田陽一

大学発のベンチャービジネスが注目されるようになってから、はや十数年になる。福岡大学でもベンチャー起業論の科目が新設されると人気の科目となり、この科目を履修する学生が多くいた。中でも十二月中旬に開かれる「ビジネスプラン・コンテスト」は、人気の的である。

私は福岡大学の卒業生ということで、平成九年から非常勤講師として年一回、三時間を担当し、起業をするときに欠かせない大事な原則を説明している。

その原則とは――会社は粗利益によって生きている。人件費はもちろん、家賃も電話代も借入金の返済もすべて粗利益の中から支払われている。その粗利益はお客からしか出ないのであるから、経営で最も大事になるのは、どうやって見込客を見つけ出し、どうやって実際に注文をもらうかの「営業方法」になる。特に起業したばかりの会社はお客が一社もないのであるから、経営の大本になるお客作りがとても重要になる。しかもどんな業界にも多数の競争相手がいるので、営業の知識や営業の技術レベルが高くないとすぐ競争に負けてしまう、というものである。

その中では「起業した会社がその後どうなるかは、商品力三分に営業力七分で決まる。文系の学生は理系の学生と違って特別の技術を身につけているわけではないのであるから、営業のやり方には革新を加えたビジネスモデルを出すべきだ」と、営業方法の革新について特別に強調している。

ところが十二月のビジネスプラン・コンテストを見ていると、どの学生も商品や有料サービスの内容についてばかり説明し、今までにないめずらしい営業のモデルを発表した人は一人もいなかったので、内心もの足りなさを感じていた。

無理もない。長年経営していても革新を加えた営業方法を考え出すのが難しいのに、コンビニなどでバイトの経験はあっても、きちんとした営業経験がない学生に対して、革新的な営業方法を要求するのは「ないものねだり」になる。それでも「営業の重要性」をなんとか解ってもらいたい、何か良い方法はないかと考えていたときに出てきたのが、学生の手で、起業した百社を調べる実態調査であった。

起業して比較的日が浅い社長に何人もインタビューをすれば、何がきっかけで起業を決心し、起業したあとに生じる多くの問題点はもちろん、一《いち》からお客を作っていった営業の苦労話が聞けるに違いない、そうすれば営業の重要性が肌で感じとれるはずだ、と考えたのだ。

これ以外にもう一つのねらいがあった。それは、学生自身が調査先をリストアップし、インタビューをして、起業した会社の実態調査をしたところが全国に一校もないということであった。よし、それなら福岡大学が一番乗りをしようという意図もあって、実態調査を考えたのであった。

担当の阿比留正弘教授にこの計画を相談したところ、学生に呼びかけて協力者を募集してみようということになり、二十四人の学生が応募してくれた。調査先は、調査がしやすいように福岡市を中心とする福岡県内に絞った。

本格的なインタビューを始めたのは平成十七年の七月からであった。ところがその年の夏は特別暑い日が続いたので、調査先を捜して訪問するのは大変だったはずだ。しかもこの作業をしても単位にはならないのに、学生は実に熱心に行動してくれた。

取材を始めた当初から出版の計画もあったが、リーダーの村上真一君をはじめ何人もの四年生が卒業したこともあって、出版については完全にあきらめていた。ところが西原宏教授の熱意が学生を動かし、五人の学生が集まって出版のプロジェクトチームが再結成された。この作業も収入に結びつかないばかりか単位にもならないのに、一年間、実に熱心に記事のまとめ作業をしてくれたことには、大学の先輩として心からの賛辞を送りたい。

学生が選んだ魅力的な経営者◉目次

信念の経営者

個性的な経営者

輝く女性経営者

人のために頑張れる喜び

有限会社オフィスエイツ　社長　財津《ざいつ》ユカ氏

創業日：平成16年7月7日（法人設立日は同日）
業　種：MC・リポーター・キャスター・マネジメントTV・ラジオ番組企画制作
資本金：300万円
従業員（所属MC）数：20名
本社所在地：福岡市中央区天神2－3－36　ibb fukuoka301

▽事故に遭ったことが私の人生観を変えた

「日々、自分自身を成長させ、今まで私が育った福岡の街に恩返しがしたい」

そう語る財津ユカさんは、平成十九年で三十六歳になるベテランのMC*だ。

インタビューを通して感じた財津さんの印象は、とにかくプラス思考で考え方が前向きだということである。しかし、財津さんは元々今のようではなく、ある出来事がきっかけでこのように前向きな考え方、生き方ができるようになったそうだ。

その出来事は、財津さんの短大時代に起こった。原付バイクで大学へ通学している最中にトラックと衝突し、アスファルトの上に叩きつけられたのだ。内臓は破裂し、救急車で病院に運ばれたときにはすでに瞳孔が開いた状態だった。

病院の人が財津さんの家族に「出血があまりにひどいので、手術して助かっても脳に障害が残るかもしれない」と説明しているときに、財津さんはうわ言で「死にたくない、死にたくない、助かりたい」とつぶやいていたそうだ。それを聞いた家族は「脳に障害が残ってもいいので、とにかく命だけは助けてやってほしい」と病院の人に手術のお願いをした。

不思議なもので、財津さんはこの手術の最中のことを鮮明に覚えているそうだ。主治医が話す声、看護師が慌てている声、すべてが耳に入ってきた。そして、自分自身は妙に落ち着いていて、「死にたくない、死にたくない、助かりたい」と手術の間中ずっと念じていたそうだ。

七時間に及ぶ大手術を無事終え、財津さんは一命をとりとめた。財津さんも手術中三回ほど「もう、あきらめよう」と考えた場面があったそうだ。そのことを手術担当の主治医に話したら、大変驚かれたそうだ。実は手術の最中に三度ほど、財津さんの心電図が0になったときがあり、また回復を繰り返したというのだ。

このことを聞いた財津さんは、この手術は自分自身の精神力によって乗り越えたものだと

感じる。事故のせいで短大生活の半分を棒に振ってしまったものの、

「私は生死を分ける戦いに勝ったんだから、どんな困難でもきっと乗り越えられる!!」と、この事故がきっかけで考え方を前向きにすることができるようになり、今の財津さんの考え方の元になったそうだ。

▽自分の夢に向かって

無事に短大を卒業した二十歳のとき、財津さんは銀行に就職する。しかし、銀行に勤め始めてからすぐに「もっといろんな人と関わるような仕事がしたい」、「自分の好きなことがしたい」と考え出すようになる。そこで、同僚の先輩たちに色々アドバイスを求めたところ、「自分のやりたいことは早めにするべきだ」と言われた。

「その通りだ」と感じた財津さんは、自身のやりたいことを実現すべく一年で銀行を退職し、以前から興味を持っていたMCの仕事に就くことを決心。ある事務所にMCとして所属した。MCの仕事にはさまざまな部門がある。テレビのアナウンサーであったり、ラジオのパーソナリティーであったり、イベントの司会であったり。そのどれもが皆平等に仕事として個人に回ってくるわけではない。

財津さんも事務所に所属していたが、いつでも仕事が回ってくる状態ではなかった。当然

ＭＣの仕事だけでは足りず、財津さんはコンビニでアルバイトもした。このコンビニでのアルバイトも、財津さんにとって非常に意味のあるものとなった。

「ただレジで接客するだけなら誰にでもできる。このコンビニに来てくれるお客さまが心地よくなれる接客がしたい。そして、このコンビニにはあの店員さんがいるから行きたいと思われるような接客がしたい」と常々考えていた。

また、勤めていたコンビニの店長夫妻も財津さんのＭＣの仕事を応援してくれ、ＭＣの仕事を優先できるようにシフトを組んでくれたそうだ。このようにコンビニでアルバイトをしながら、ＭＣの仕事もこなしていき、財津さんは着実に実力を上げていった。

そのうち、ＭＣの仕事が増え、二年後の二十三歳のときには所属していた事務所を辞め、フリーで活動を始めた。テレビでのアナウンサー、リポーター、ラジオのパーソナリティー、イベントの司会など、さまざまなＭＣの仕事をこなし、福岡のＭＣとして有名になっていった。

▽事務所設立、しかし、経営のノウハウが分からず四苦八苦

約十年間にわたるＭＣの活動を経て、三十代になったときに財津さんはふと考えた。「自分自身の今があるのは、事故に遭ってから多くの人に助けられてきたからだ。今度は自分が

恩返しをする番だ」。自分が人に恩返しとしてできるのは、自分自身の経験を次の世代に継承していくこと、つまり「育成の道」だと考える。

そこで、平成十六年、三十二歳のときに、テレビやラジオでMCの仕事で活躍する人材を集めた事務所を設立したのであった。事務所設立に必要な資金は、親から借りたそうだ。「もう親には借金を返しましたよ!!」と笑顔で語った。

「勢い」で起業したので、税金対策、コスト削減など経営者として取るべき手段が分からずに、事務所を設立した当初は知り合いの経営コンサルタントに相談していた。経営のことに関してさまざまなアドバイスをもらっているうちに経営のノウハウを徐々に身につけていった。

面談中の財津さん

▽社長としての心構えも大切

平成十九年の時点で事務所に所属しているMCの数は二十名。財津さんがMC・リポーターのスクールで講師として指導していたときの卒業生が中心だ。どのMCの方々もテレビのアナウンサーやラジオのパーソナリティーとして活躍している。

財津さんは居心地のよい事務所を目指すため、「人と人の心をつなぐ事務所」をモットーに、事務所経営にあたっている。事務所の代表として、財津さんは常に笑顔でいるように心掛けている。それはリーダーである自分自身が暗い顔、暗い気分でいれば周りも影響され、事務所全体に悪い雰囲気が漂うと考えているからだ。

▽財津さんの理念、今後のビジョン

財津さんは、MCを目指す若手を育成する専門学校「eitsアナウンス・MCスクール」の経営にもあたっている。財津さんはこの専門学校の代表であるとともに、講師として指導にもあたる。財津さんの事務所に所属する現役MCの方々もこの専門学校の講師として指導している。また最近は一般の人々にも門戸を開放し、普通の人でも無理をせず、楽しくできる発声練習の講座を設けている。

専門学校の生徒は雑誌の広告などやHPで募集をかけているとのことだ。

財津さんは、自身の会社の利益を上げるという私利私欲だけにとらわれず、人の役に立つこと、そして、人のためになるような新しいことへチャレンジする精神を持つことを念頭に置いている。それが、自分が人から助けてもらったことに対する恩返しであると考えているからだ。

今後も具体的なビジョンをたて、新しい事業を展開していきたい、と抱負を語られた。

* ＭＣ：Master of Cheremonies の略。（テレビ番組などのメイン）司会者、コンサートで曲と曲の間にトークを行う人。

ユーザーから提供側に

有限会社アリオン　代表取締役　光武京子《みつたけきょうこ》氏

創業日：平成11年2月4日（法人設立日：平成16年11月11日）
業　種：ハウスクリーニング、ビルメンテナンス、コーティング
資本金：300万円　年商：4000万円
従業員数：11名
本社所在地：福岡市城南区長尾3－27－12

▽挫折から立ち上がり、二度目の起業へ

光武さんのキャリアの振り出しは保母さんである。ごく普通の女の子で、社長になるなど夢にも思っていなかったそうだ。

二十六歳のとき、福岡に来てギャラリーに勤め始めた。本社がフランスにある、版画や油絵を画商に卸す会社だった。ちょうどバブル期で、絵画の価格も高騰し、景気の良い話がとびかう華やかな世界だった。光武さんも三十歳過ぎた頃から仕事のおもしろさに目覚めた。

やがて、バブルがはじけて大阪、福岡は支店を閉鎖することになったが、企業や百貨店とタイアップして展示会の準備を進行中のものもある。光武さんは在庫の絵なども含めて、この仕事を引き継ぐことにした。

これが光武さんの初めての起業で、三十六歳のときだった。絵画の仕事は大変なのでやめた方がいいと周囲から忠告されたが、「勢いで始めた感じ」だったそうだ。バブル崩壊の影響が九州に及ぶと、だんだん事業は厳しくなったが、経営者として、とにかく責任を持って借金を返さなければと働いた。高価な持ち物は売り払い、一年半程はワンルームのマンションに住んだこともあったという。

苦境のなかを諦めずに頑張ったが、四十一歳の頃、もうこのへんでリセットしなければならないと思った。会社をたたむことについては、半年の間、悩みに悩んだそうである。

生活と借金返済のために、すぐに通信販売の化粧品会社に就職した。電話で購入申込みを受けたり化粧品を勧めたりする仕事である。しっかりした会社で経営システムやセールスマニュアルもよくできていた。勤めていた二年間で化粧品ビジネスがよく分かったそうだ。

次に、訪問販売の化粧品会社にインストラクターとして入社。ここはまだ組織がしっかり定まっていなかったので、基盤固めの仕事に携わった。出張が多く非常に忙しかったが、会社の土台を作りあげていく楽しさを味わった。

家事をする暇もなかったので自宅の掃除を頼んでいたが、それが第二の起業のきっかけとなる。

▽サービスを利用する側から提供する側へ

人からは、借金のある身でお金を払って掃除を頼むなんて、と言われた。しかし、光武さんはお酒も飲まないし、疲れて家に帰ったとき、きれいな部屋でゆっくりとリラックスしたかった。毎月二回、近くに住む二人の主婦に掃除に来てもらったが、だんだん冷蔵庫内の片づけや押入れの整頓、買物などの身の周りの雑事までしてくれるようになった。夜遅くしか帰れない光武さんにとって大変ありがたく、他の人にも紹介したほどであった。

あるとき、掃除に来ていた主婦に、掃除を頼みたい人は多いし会社を作ってやってみれば、と言ったところ、日祝休みで、夕方五時までに帰れるこの仕事をやりたい人は他に何人もいるが、会社を作るなど考えていない、と言う。では、自分がやってみようかなとポロリと言ったのが、アリオン誕生の発端だった。光武さんは自分が掃除をしてもらっていた経験から、利用したい人の気持ちがよく分かる。ビジネスとして成立すると思ったが、光武さんには、絵画の仕事で再起したいという強い思いがあった。しかし、資金力などからみて、もはや美術品の仕事はできないと冷静に判断し、いろいろ考えた末にハウスクリーニングの仕事に乗り出すことに決めた。

平成十年の九月末に化粧品会社を退社。事業としてやるからには、主婦が個人的に掃除を引き受けていたのとは違い、会社としての仕組みをきちんと作ろうと考えた。化粧品会社に勤めていた頃、気づかないうちに経営者の目線で会社を見ていて、いろいろ学んでいた。ギャラリー時代の経営を顧みて、あれではうまくいくはずがないと思ったそうだ。今度は、会社としてのしっかりした態勢を整えようと、作業内容を決めるなど諸々の準備を始めた。

十二月には、知り合いの家で掃除の実習をした。一口に掃除と言っても各家で状況も違うし、スタッフの能力にも個人差がある。これを標準化して、掃除内容や料金を設定するためだ。特に難しいのは料金で、二カ月かけて分かりやすい料金体系を作りあげた。アリオンの設立時に手元にあった資金は二百万円、そのうち百万円をかけて業務内容や料金を載せたチラシを作った。

▽スタッフの成長に支えられる

立春の二月四日、光武さんのマンションの一室で、アリオンはスタートした。旧暦で一年の始まりの日、心機一転、新会社のスタートにふさわしい日だった。

その月の仕事は知人が頼んでくれた一件だけで、売上げは二万円だった。仕事はなかなか来ない。暇だったので、社長自らチラシをポスティングして回り、広告も出した。月を追うごとに少しずつ仕事が増えて、大掃除の多い十二月にはスタッフの数が足りないほどだった。初年度の売上げは八百万円。翌年には六坪の事務所に移り、社用車も買うことができた。

一度掃除に行ったお客さんから、定期契約の依頼が来るようになった。経営が安定するし、スタッフも慣れた客先に行くことができ、互いの信頼関係も深まる。

ユーザーは働く女性がメインと予想していたが、実際にはシルバー世代の需要が多かったそうだ。個人の家に入っていく仕事なので、主婦のお掃除屋さんは安心感を持ってもらえるというメリットがあった。が、半面、スタッフにプロ意識がないという心配もあった。働くという意識を持ってほしいと、「一円でももらったら、それは仕事」と、光武さんは何度も繰り返したそうだ。

だんだんスタッフの意識も変わってきて、自分の意見を言うようになった。光武さんは、掃除をしているスタッフの声を通して現場の状況や問題を知り、業務の改善に役立てている。

仕事を始めて分かったのは、お客さんは〝人〟につくということだった。この仕事には、スタッフの努力や仕事に対するセンスが欠かせない。仕事は掃除だけにとどまらず、買物、洗濯、アイロンがけ、季節の変わり目にストーブを出すなど生活全体にわたる。光武さん自身が昔、掃除のついでにやってもらってよかったと思ったことが、そのままお客さんのニーズなのだ。掃除以外の仕事の範囲が広がると、お客さんとの付き合いは長く続く。「ありがとう」という感謝の言葉にスタッフも遣り甲斐を感じ、定着率も高くなる。

▽「会社は、経営しているうちに次にやるべきことが分かってくる」

設立後二年間は、試行錯誤しながら地道に基礎を固めた。ハウスクリーニングが軌道に乗ると、賃貸住宅の退去時の清掃やクロス張替えなどの業務にも手を広げた。ビルのメンテナンスや事務所の清掃、マンションの共有部の清掃など、法人相手の定期的な仕事も増えていった。

また、光武さんは女性起業家ということで新聞に取り上げられたり、ハウスクリーニングがテレビの情報番組で紹介されたりした。画面に会社の電話番号が出ると、事務所の電話が鳴りっぱなしで、テレビの影響力に驚いたという。メディアに出ることで仕事が増え、人脈が広がった。起業についてのセミナーの講師を依頼されるようにもなった。

ハウスクリーニングの仕事は順調に成長したが、そのうちスタッフから問題が提起された。フローリングの床にワックスをかけてもだんだん剝げる、再びワックスをかけると木のツヤがどんどん失われる、しかも実はワックスは汚れを吸着してしまうなど、ワックスでは清掃

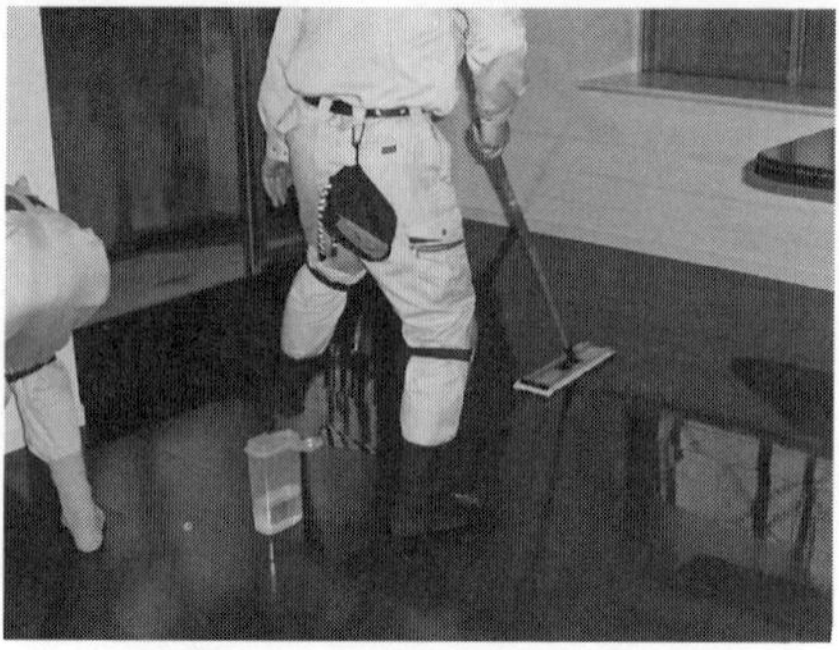

コーティング作業

の限界があると分かってきた。

そこで、登場したのがフロアコーティングである。フローリングの床にコーティングすることで、水拭きができて、滑りにくく、耐久性もある。ワックスは滑るのでペットを飼っている家には不向きだし、また床暖房をしていると床が汚れても簡単に張り替えられないが、コーティングによってこうした問題も解決できる。ペットブームや床暖房の増加といった時代の流れも、コーティングの需要をさらに押し上げていくだろう。

光武さんは、専属スタッフを採用してコーティングに力を入れることにした。新築の段階でコーティングした方がよいので、マンション開発会社への営業も始めた。マンションは一棟で数十戸を取り扱えるので、売上げの大幅アップも期待できる。ハウスクリーニングの延長線上に、次のビジネスチャンスがあったのだ。

光武さんは、ハウスクリーニングとビルのメンテナンスだけでは会社は大きくなれないと思っていた。このコーティング事業は外注に出さずに自社で行うので、社内で技術者も育てなければならない。初期投資に手間もお金もかかるが、これからはフロアコーティングの時代になるという確信があった。やると決めたらどうしてもやるのが、光武さんだ。

「会社とは、経営しているうちに次にやるべきことが分かってくるものだ」と感じたそうだ。

▽原点の「お掃除屋さん」を大切に、新たな展開を

平成十六年十一月、アリオンを法人化した。コーティング事業を始めてビジネスの対象が大きくなったため、個人企業では仕事をしにくいし、また社員にとっても法人化は励みになると思った。最初にハウスクリーニング業を立ち上げたときから「掃除屋だけでは終わらない。次なる事業をしよう」と考えていたそうだ。「〝棚からぼた餅〟はありません。いつもアンテナ張ってないと、ぼた餅が落ちてきたとしても気づきませんよ」と、光武さんはアドバイスする。

初めて起業したギャラリーは、好きだからやっている部分もあって、経営能力がなかったと自分で思う。今考えると、つまらないプライドも背負っていた。アリオンの設立にあたっては、組織を確立させて、会社として存続させることを考えた。自分だけのことではすまない、社員とその家族の生活や将来も考えなければならない立場だと自覚している。

今後は、事業規模の大きいコーティングに力を入れていく。しかし、光武さんは「お掃除屋さん」の仕事を、アリオンの原点として大切にしている。

「掃除をすることでお客さまのお役に立てて、『ありがとう』と感謝の言葉をいただき、お金もいただけるすばらしい仕事です。コーティング事業が大きくなっても、お掃除の仕事は続けますよ」

また、光武さんはアリオンを個人企業として設立したときから、「起業したからには、年商一億円の企業を目指したい」と思っていた。今、アリオンはその目標に向かって、大きく飛躍しようとしている。

ネットショップにいち早く着目

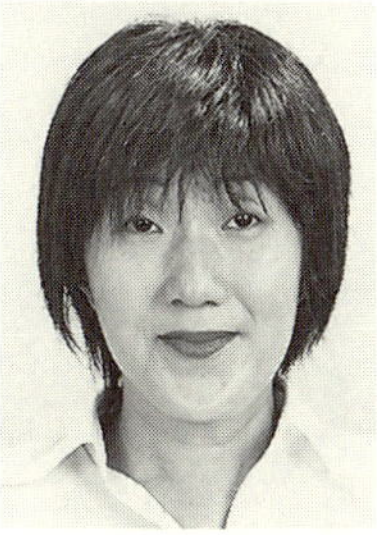

有限会社ウィズ　代表　宮崎弥生《みやざきやよい》氏

創業日：平成14年1月25日
業　種：カツラ販売業
資本金：300万円　年商：8000万円
従業員数：3名
本社所在地：福岡市南区向野2－15－29　トーカン大橋205
ネットショップ：http://www.katurawith.com

▽予想もしなかったカツラ業界へ参入

カツラ業界には、テレビCMでよく見かける大手二社のほか、数多くの中小の会社がある。頭髪に悩む人は多いが、他の商品と違ってユーザーがなかなか表だっては出てこないため、この業界の実態は分かりにくい。そういう状況の中、宮崎さんはカツラを着用している人とたまたま話したことがきっかけで、カツラの販売に興味を持ち、独自の製造販売システムを構築してこの業界に参入した。

親が自営業だった宮崎さんは、自身も高校生の頃から漠然とではあるが、将来はフリーで専門的な仕事をしたいと思っていたそうである。会社や留学時代の経験、そして多くの人との出会いを通して、いろいろなことを学びながら自分ができることを一所懸命やり、納得できるものを目指していた。興味を持ったり良いと感じるものに自分を向けて、勉強を重ねてきた。

カツラの仕事を始めるにあたっても、それまでの知識や経験が、まるでこの仕事のためにあったかのように、しっかりと基盤となっている。

▽ウィズに至るまでの豊富なキャリア

宮崎さんは東京の大学を卒業後、ある携帯電話会社に就職した。携帯電話サービス開始の準備段階の頃で、宮崎さんは新卒入社の一期生。上司も新人と一緒に携帯電話について勉強しながら仕事をしていた。通信サービスが始まると、技術やサービス内容の進展はめざましく、会社も業界も急成長していく状況にワクワクしていたそうだ。

その後、アメリカの大学に二年間留学し国際政治を学ぶ。当時、アメリカでは日本より一足早くインターネットの普及が始まっていた。パソコンの授業があり、インターネットやメールも使っていたが、これが後の仕事に大きく役立つことになる。

帰国後、福岡に戻ってプロバイダ会社に就職した。ホームページのことを勉強して、平成八年にホームページ作成の仕事で独立、これが宮崎さんの最初の起業である。会社案内などを作っていたが、パソコン関連会社のネットショップのホームページの立ち上げや運営管理まで任されるようになった。

当時はまだ、ネットショップという販売形態が始まったばかりだった。宮崎さんは、独立を考えていた頃に出席した起業セミナーで、ボランティアで起業相談にのってくれる元コンサルタントの話を耳にした。引退した後、社会貢献として若い人に無償でアドバイスなどをしていて、宮崎さんはこの先生が開いている経営の勉強会に参加するようになった。先生は前述のホームページ立ち上げの仕事を紹介してくれたり、その後も、節目節目の大事なときに宮崎さんはこの先生の助言や指導を仰いでいるそうである。

さて、ＳＯＨＯという形で念願の独立はしたものの収入も安定せず、今後どのように展開していけばいいのか悩んでいた。勉強のために異業種交流勉強会に参加したところ、そこでたまたま知り合ったカツラ・ユーザーから、カツラが高くて困っているという話を聞く。数万円から数百万円もかかる場合もあるそうで、ユーザーにとっては日常的な必需品であり、カツラのために働いているようなものだと嘆いていた。

潜在需要は多いはずだが、価格が高いために購入できない人もいるだろう。「品質が良くてもっと低価格にできれば、ビジネスとして成立する。人の役にも立てる。海外への生産委託などでコストを下げられないだろうか」

宮崎さんは、カツラの製造販売について考えてみることにした。物を売るには、製造・販売・アフターサービスの仕組みが必要である。今まで全く知らなかったカツラについて調べ、商品特性を考慮して、コストダウンできる方法についてさまざまな視点から検討を重ねた。

▽全く新しい製造販売システムを構築

カツラは、注文を受けてから一つ一つ製作するオーダーメイドの商品である。価格を安くするには、まず製作コストを下げることが必須だ。しかし、じかに頭に装着し、しかも毎日使用するものなので、耐久性はもちろん仕上がりやフィット感などに満足してもらうことが重要である。「安かろう悪かろう」の技術では困る。海外で信頼できる製造工場を探すのは難しいことだが、既に中国に製造ルートを持つ理容師と協力関係ができ、この問題はクリアできた。

また、カツラは、製作のためにサイズを測ったりヘアスタイルやカラーを決めることから、完成したカツラの装着・調髪やメンテナンスまで、プロの手が必要な商品である。しかし、注文がどのくらいあるか分からないのに、理容師を自社で抱えるのはコスト面で負担になる。

そこで、理容室や美容室と代理店という形で提携することで、リスクの軽減を計ることにした。注文が発生すると、注文者の近くの提携代理店に依頼する。これなら全国どこでも対応できるし、理容室側は規定の技術料が入るほか、ユーザーが調髪やカツラのメンテナンスに来ることで固定客になる可能性が高いというメリットもある。インターネットで、まず福岡、東京、大阪地区の代理店を募集した。

さて、肝心の販売だが、インターネット上にホームページを開設しネットショップで販売することにした。今でこそ盛況だが、当時はネット上に店を開くというバーチャルな感覚はなかなか理解しにくいものだった。

ウィズの製品

しかし、カツラは着用を人に知られたくない商品で、カツラの会社に電話をかけるのは躊躇があるが、ネット上ならば気楽に問い合わせができる。ネットの持つ匿名性がピッタリの商品なのだ。さらに、カツラは良いものであっても人に勧めることは少なく、つまり口コミで広まる商品ではない。個人個人と直接アクセスできるネットショップ自体が、会社にとっても最適の宣伝媒体だった。

「インターネットの便利さをわかっていて、自分でホームページも作れたのが役に立ちました」

アイディアを組み立ててみたら、ツールとして必要な知識や技能は既に宮崎さん自身が持っていたので、実行に移りやすかったといえる。

▽効果的なホームページ作りや地道な広報作戦

従来のカツラ会社とは異なる画期的なシステムを整え、平成十三年秋、ホームページを立ち上げた。カツラ製作は人件費が安い海外での委託生産、理容師は提携代理店に依頼するので本社で抱える必要はない。ネット販売のため、受注や発注など全体を統括する本部事務所だけで、ほかに店舗を構えるコストも不要である。このような効率化によるコスト削減で、他のカツラ・メーカーよりも商品価格を安く設定できた。

二週間後、最初の注文が入った。ネットショップに対する認知もまだ進んでいないのに、二週間目で売れたことに驚いたそうである。翌年にウィズを設立したが、事業が軌道に乗ったのは一年半くらいたってからだと言う。社員を雇ったり代理店の拠点を増やしたりして、徐々に拡充を図った。

注文はほとんどネットからなので、ホームページは重要な営業ツールである。宮崎さんはホームページ作成の仕事で、分かりやすい説明方法や、ポイントとなる商品をクローズアップして目立たせるテクニックなどの経験を積んでいた。多数の中からどうすれば検索にかかりやすいかを知っていたことも、ネットショップとして大きな強みになっている。

ウィズのカツラは品質が良くて価格もリーズナブルだが、必要な人にこの情報が届かなければ意味がない。テレビや新聞などに広告を出すと膨大な費用がかかるので、宮崎さんはパブリシティを活用している。ユニークな商品情報などをニュース・リリースの形でメディア各社に送ると、世間に知らせる価値ある情報として取り上げてくれることがある。地道でお金のかからないこの広報作戦によって、ウィズは地元はもとより全国ネットのテレビでもたびたび紹介されており、宮崎さんのおすすめの方法である。

宮崎さんは、ネットショップの勉強会にも出席している。ネットショップは小さな企業が多く、自社だけで情報収集やノウハウの蓄積を進めるのは大変なので、経営者の集まりが開かれている。人と会って情報を共有し、お互いに発展していくことが大切だと語る。

▽無理せずに、マイペースでいい！

ウィズは、「品質の良い商品を適正な価格で提供してユーザーに満足してもらう」という企業理念を掲げ、実践している。着実に業績を伸ばし、会社は順調だ。

宮崎さんは経営者として頑張っているが、不思議と力みが感じられない。一所懸命に仕事をしていて、そしてとても穏やかで自然体なのだ。それは、宮崎さんがあるコラムに書いていた「どちらかというと中庸でいい」という言葉に表れているかもしれない。

宮崎さんは、自分も幸せで、一緒に働いている人も幸せで、お客さまにも満足してもらえるのが一番いいと言う。無理をして販売を増やしたり、事業を拡大したりすることは望んでいない。宮崎さんは、一般的に男性経営者は事業拡大を喜びとし、女性経営者は身の丈にあったビジネスをしていると感じるそうだ。

起業について、宮崎さんはこう語る。

「お金をたくさんかける必要はなく、最低限の資金で始めたらいいのではないでしょうか。少人数で効率的にやっていくことが大切だと思います。小さな失敗をたくさんしながら、だんだん形ができあがっていくものです」

「勉強は大切。特に経営の基本をきちんと学ぶことですね。分かっているようで実は分かっていないことが意外と多いものです。しっかりした基礎があれば、あとは自分のペースで無理をせずにやっていけばいいのではないでしょうか」

オフィスにはなごやかな雰囲気が漂う。「会社を大きくする気はあまりないんです。ユーザーに満足してもらえるように、一所懸命仕事をしてくれる気心の知れたスタッフと一緒に、丁寧に仕事をしていきたい」

カツラの販売を始めて三年たった頃から、リピーターが増えてきた。カツラは消耗品で買い替えが必要であり、信頼関係ができたユーザーとはずっと付き合いが続く。ユーザーに感謝される喜びを感じながら、こつこつと息の長い経営をめざしたい、それが宮崎さんの思いである。

人でつながる経営の輪

株式会社咲《さく》ら化粧品　社長　森《もり》　咲子《さきこ》氏

創業日：平成15年3月21日　（法人設立日：平成18年5月25日）
業　種：化粧品販売
従業員数：パート2名
本社所在地：福岡市博多区博多駅前2－9－28
福岡商工会議所ビル8階

▽出会いは必然的なもの

「起業して自分の考え方が変わりましたね。人は出会うべくして出会っているのだ、って」

ＯＬ時代にはなんとも思っていなかった〝出会い〟のとらえ方。しかし起業したことによって、〝偶然の出会い〟は〝必然の出会い〟なのだと感じるようになったそうだ。

「起業に対しての不安はなかった」と語る森さんは、もともと会社勤めをしていた。その人が、なぜ不安を持たずに起業に踏み切ったのか。株式会社咲ら化粧品の誕生には、次のようなエピソードがある。

ある日、森さん自身が高校時代から愛用していた自然派化粧水が突然、製造中止になった。ほかの化粧水を試してみても肌に合わなかったため、森さんは製造元に直接、再製造をお願いした。そこで返ってきた言葉は「作ってもいいよ、あなたが売るのならね」というもの。こうして、消費者でもある森さんが製造元の人と創りあげたのが、「自然派化粧品咲ら」だったのだ。

「起業することよりも、ＯＬを辞めて一定の収入がなくなることのほうが不安だった」と森さん。ＯＬを辞めたあと、しばらくはＭＣとして活躍していた。

▽意識していなかった「起業」

自然派化粧品咲らの販売をすると決めたとき、森さん自身「経営」、「起業」ということを意識していたわけではない。なぜなら、化粧水を一本売るごとに代金をもらうという仕組みは、ＭＣでの仕事と同じものだと感じたからだ。

開業資金には、会社の退職金と貯金をあてた。開業当初は、知人を中心に販売をしていたので、月の売上げ本数は十本程度。しかし、会社には〝利益〟が必要である。「これは、『経営』をしなくてはいけないのではないだろうか？」と、このとき初めて「経営」、「起業」というものを自覚したという。

今となっては、「初めから〝起業〟を意識していると、怖いという気持ちが先立ったと思うから、会社経営というものを知らないまま起業することになってよかった」と振り返る。

▽二年間で遂げた成長

ここで、自然派化粧品咲らの広まりを見ていこう。個人で平成十五年三月に会社を立ち上げ、その秋からは「しろやまの湯」に商品を置いてもらうこととなった。そして平成十六年一月に嬉野温泉ホテル桜、同七月には宅配サービスのオレンジライフと雑貨店インキューブにて販売開始。ここまでは友人関係と店舗へ商品を卸すことによって広がっていった。そして、平成十七年十一月より、大賀薬局での販売が始まった。

現在、注文の大半は電話注文で、直販（通販）が主だ。また、平成十七年からは福岡の大手百貨店での取り扱いも始まっている。

大賀薬局との取引が始まって間もなく、どうにかしてメディアに取り上げてもらいたいと思っていたある日のことだ。起業後しばらくはＭＣの仕事も並行して行っていた森さん。咲らの経営も忙しい時期、イベントの仕事先に出向いた森さんは、ここで大きな転機を迎えることになる。イベントの主催者側に、西日本新聞社の方がいた。イベント終了後に話をして

咲らの製品の一部

みると、商品を新聞に取り上げてもらえるようになったのだ。新聞掲載後、電話問い合せが殺到。売上げ本数も一気に伸びた。

そんな中、事件が起こった。「咲らの乳液からにおいがする」との問い合せが来たのだ。初めての緊急事態。森さん自身、お客さまには気持ちよく使っていただきたいと常々思っているが、どうすればよいのかと一歩を踏み出せずにいた。そんなとき、ある人にこんな言葉を掛けられた。

「一番大事なのはお客さまでしょう。それならば、やるべきことは決まっているよね」

その後にとった行動は、言うまでもなく商品回収。市場に出ている商品をすべて回収し、原因を追究した。結局、その商品が肌に対して問題があるわけではなかったが、容器工場や製造工場での管理体制などを見直すいい機会になったという。

このように、〝人〟の存在によって物事が二転三転する毎日。「人生っておもしろい！」、森さんはこの言葉を実感しているようだ。

▽女性の幸せをサポート

咲ら化粧品の会社理念は、「その人自身の魅力が内面から咲くお手伝いをする」というもの。スペインには、「花は自分自身の力によって咲く。誰かに咲かせてもらうのではない」という理由から、「咲かせる」という考え方がない。そこから、「人も自分の力で美しく咲くことができる。世の中の人たちに、自分の美しさを自分自身で咲かせてほしい」という思いをこめて掲げられた。これからは、女性が幸せを咲かせ、元気になれるようサポートする会社をめざしているのだとか。

そんな森さんの座右の銘は「人間万事塞翁が馬」。たとえ現時点ではマイナスと捉えるようなことであっても、いずれプラスの出来事になる。このように物事を考えられる人になりたい。そう話す森さんはとても輝いていた。

最後に「森さんにとって仕事とは?」という質問をしてみたところ、「私にとって、なくてはならないもの!」とのこと。手探り状態ながら、会社と化粧品を試行錯誤しながら作り上げていく。自分の人生を楽しんでいる人は、出会った人を元気にしていく力を持っているようだ。

ブランドへの愛着から始まって

有限会社 HAIL《ヘイル》 社長 末永弘子《すえながひろこ》氏

創業日：平成8年3月21日（法人設立日：平成14年6月3日）
業　種：服飾品卸・小売販売
資本金：300万円　年商：5000万円
従業員数：2名
本社所在地：福岡市中央区天神2－8－41　福岡朝日会館B1

▽主婦の評価ってなに？

「卒業して就職して、二年経ったら結婚して……そのうち、『主婦の評価ってなに？』って考えるようになったの」

短大を卒業した後、航空業界で二年間働き、二十二歳で家庭に入った末永さん。主婦になってみて直面したものは、「自分は夫と子供の存在によってでしか評価されない」という現実だった。そして、そのような状況の中で次第に閉塞感を抱くようになっていった。

▽EPONINE（エポニーヌ）との出会い

一人の主婦が社長になったのは、あるハンドバッグとの出会いがきっかけだった。末永さんが二十代だった頃はエルメスなどのブランド物が流行しており、バッグ一つが七十万円ほどした。二十歳そこそこの女性にとって、七十万円というのはすぐに出せるような金額ではない。

そんなとき出会ったのが、エルメスそっくりのバッグEPONINE。このバッグは、実際にエルメスで修業をした職人たちがイタリアで独立して立ち上げた工房で作ったもの。頑丈さや技術が評価され、しかも価格は多くの人々の納得のいくものだった。

当時このバッグは東京では売り出されていたが、福岡には取り扱っている店がなかった。「手の届く範囲の価格で品物が良くて、自分の欲しい物に似ている。こんなに嬉しい話はない！　しかも、知らない人が多いのなら、私が広めたい」。末永さんは、福岡で取り扱うときには自分が販売したいと思った。販売元に交渉し、ついに平成八年、自宅サロンからスタートした。

この自宅サロンというのは、バッグに興味のある友人たちを招き、お茶や昼食を振舞いながら商品を紹介していくという方法のものだ。次第に、雑誌へ掲載した広告やお客さまに渡すカタログからの注文を受ける、通信販売という形態になった。

この頃は、「お客さまの要望を聞き、お客さまのためだけにイタリアでオーダーメイドをするバッグ」という販売方法をとっていた。注文から三カ月後に届くあなたのためのバッグ。これがEPONINEの売りでもあった。「この方法をとることによって、在庫を抱えるというリスクは少なかった」と末永さんは話す。

▽主婦・母親と社長の両立

通信販売が軌道に乗り始めると、「このバッグの良さをより多くの人に知ってもらいたい！」という気持ちがいっそう強くなっていった末永さん。そこで、いろいろなお店に飛び込み営業をしていった。これが、「卸業」を始めるきっかけとなっていく。

しかし、福岡では知名度の低いEPONINEのバッグ。ブレイクのきっかけは、あるＴＶディレクターとの出会いだった。ＴＶや雑誌で紹介されて、知名度がアップ。自宅サロンは、通信販売の事務所として使うようになった。

「怖いもの知らずというのもあるけれど、起業に対してのリスクはなかったですね。バッグを数個購入して、そのときの仕入れ金額三十万円が必要だっただけ。自宅で販売していたから、場所代もかからないし」

当初、家族からは、家庭にしわ寄せが来ない程度に好きなことをして機嫌が良いのなら、ということで反対はなかったという。実際、「主婦・母親と社長の両立」のため、日帰り出張もたびたびしていたそうだ。移動手段は自家用車。行動範囲は九州全域。もちろん、家に帰ってからは主婦・母親の仕事が待っている。子供には出張のことを話し、仕事は子供の帰宅時に家に居られるよう終え、夫の帰る頃には何事もなかったかのように夕食を用意していた。

「自分の好きなことをやっているのだもの。そのために夫と約束したことは果たすし、きついけど楽しいですよ」

日頃から「EPONINEの存在をもっと広めたい」という思いを胸に仕事をしていた末永さん。気が付けばEPONINE取扱店の中で、トップ・セールスを記録するようになっていた。こうして、九州各都市の人気ブティックへの卸しも果たし、事業が大きくなっていった。

自宅サロン・通信販売・商品卸と次第に事業が成長し、自宅サロン開始から四年目に、東京の輸入元との共同経営という形で店舗を構えることになった。それが、子供の中学受験を控えた年でもあった。このとき、一度は理解を示していた夫から反対を受けたという。内装の工事も始まり、店舗として始動するべく準備を始めた矢先のことだ。当時を振り返って、末永さんは次のように話した。

「社長である前に母親である。自分が今、母親としてどうあるべきか、主人ともよく話し合いましたね。大切なのは、家族の『今』。子供の受験がひと段落してからもう一度お店のことを考えようと決めました」

その言葉通り、店舗の開店を一年遅らせ、子供の受験を無事終えた。そして晴れて開業となった。

▽商品への愛情が自社ブランド設立へ

もともと営業には興味があった末永さんだが、経営に関しては初心者。困ったことがあると、共同経営者に意見を求めたという。

そんなある日、東京のEPONINEが事業から撤退することになった。だが、この商品を広めないでいるのはもったいない。そこで、人一倍EPONINEへの愛情が深かった末永さんに白羽の矢が立ち、営業権が譲渡された。このとき同時に法人化を行い、独立した会社とした。ここに、HURRAH（ヒューラ）ブランドが誕生したのだ。

流行は変化していく。バッグも例外ではない。「オーダーメイドのバッグ」から、「三カ月も待つのなら、他のでもいい」という時代へと変わった。しかし、HURRAHという自分のブランドを持っていたことにより、イタリアへのルートができた。このことが、アパレルとバッグのツートップによるミラノファッションを手がける今のブティックの形を作った。現在、年に四、五回パリやミラノに行き、自分で仕入れてくるそうだ。一点一点自分で選んだ商品への愛着は深く、商品が売れていくときには我が子が嫁いでいくような心境になるのだとか。

また、主婦としての経験は、接客に活かされている。家族やその周りの複雑な人間関係を通して自分の懐が大きくなったおかげで、お客さまの心の深さや痛みを感じることができるようになった。そして、自然とお客さまの立場に立った接客につながっている。

▽お客さまにとって三日月のような存在でありたい

末永さんの店・HAILの店内を見渡すと、いたるところで三日月が微笑んでいる。これには、お客さまにとって、三日月のようにさりげなく足元を照らしているような存在でありたいという思いが表れている。また、HAILというのはwelcomeという意味を持つ英語の古典語。「ようこそいらっしゃいました」という思いの込められた店名である。

ちなみに、HURRAHというのは「万歳!」という意味のイタリア語からとったもの。好きなバックが自分のブランドになったという喜びが表現されている。

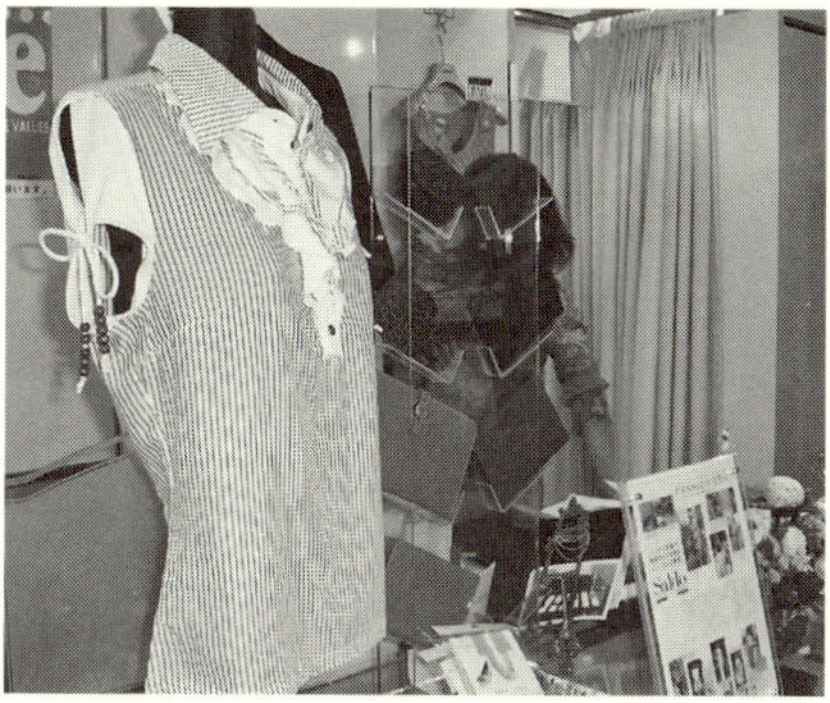

HAIL店内とHURRAHブランドのバッグ

▽遊び感覚から本物の経営に

現在、末永さんは『elf（エルフ）』というフリーペーパーにコラムを連載している。内容は、パリやミラノ、そして天神のファッションについてだ。末永さんは学生時代にマスコミ志望であった。

「雑誌の執筆については本職じゃないし、もちろん私は素人。でも、憧れていたことが今実現されている。遊び感覚から始めた仕事が、本物の経営になってきていて大変なこともたくさん。でもすごく楽しいの。子供たちが大学に入って独り立ちしたら、今度は『自分のため』の時間を持てることが今の楽しみ！」

妻が「社会で働くということの実態」を知ることで、夫の世間での立場を理解できることもある。当初、反対していた夫とは、今ではそれぞれの事業の苦労話を語り合える良い関係となった。

依然として日本では、家事・育児と仕事の両立ができずに仕事を辞めざるを得ない女性がいる。そんな時代に、主婦・母親・社長と三つ役割を楽しくこなしている女性は、光り輝いていた。

母のような経営者

株式会社アヴァンティ 代表取締役社長　村山由香里《むらやまゆかり》氏

創業日：平成5年10月1日（法人設立日：平成5年10月12日）
業　種：『アヴァンティ』の編集・出版、起業支援セミナー・講演活動
資本金：1000万　年商：2億6000万
従業員数：22名（福岡16名、北九州6名）
本社所在地：福岡市中央区大名2－6－26　ホッホハオス・ミツカ4階

▽「あきらめないで。一歩前に出よう」

アヴァンティは、働く女性を応援する情報誌『アヴァンティ』を編集・出版する会社である。この「アヴァンティ」という言葉は、イタリア語で「前進する」という意味。女性たちに「女性だからといって、あきらめないで。一歩前に出よう」という気持ちを込めた名前である。

もともとファウプという社名であったが、『アヴァンティ』という雑誌名が市場に浸透してきたので、会社名も同じにしたほうがいいかなという村山さんの考えにより、平成十八年十二月一日付けで会社名を「アヴァンティ」に変更した。

この雑誌は、飲食、学校、美容、健康、ファッション、旅行など多くの情報を掲載し、仕事を持つ女性たちの悩みや迷い、葛藤など、生の声を特集記事やインタビュー、コラムとして伝えている。

▽働くことの現実

村山さんは大学卒業後、化粧品会社に就職した。化粧品の使い方を販売会社に指導し、売上げをあげる手伝いをするインストラクターという職種だった。忙しくはあったが、会社と家の行き帰りだけで時が過ぎていき、自分の将来が見えなかった。刺激がほしい、自分を成長させる手ごたえがほしい、と思いながら、どうしていいか分からず、三年で退職を決意する。

再就職活動は困難を極めた。三カ月期限の市役所の臨時職員の仕事を紹介され、とりあえずやってみることにした。五十人ほどの正職員がいる部署で六人の臨時職員がいた。正職員は一人をのぞいて男性ばかり。臨時職員は六人とも若い女性。

臨時職員の仕事は、清書、コピーとりにタバコ買い、正職員のために入れる一日四回のお茶くみがメインの仕事だった。日本社会は、女性の力をこの程度にしか考えていないのかと愕然とした。男性と女性は本当に能力が違うのだろうか、震えるような思いで初日を過ごしたとき、目の前にあったミニコミ誌が目に止まった。

▽新たな出会い

初めて見るそのミニコミ誌は、福岡の働く女性向けのものだった。「ともかくここを去らなければ」と思っていた村山さんは、奥付にある編集部に電話をかけた。「アルバイトはありませんか?」。勇気を出して編集長と会い、すぐにその編集部で仕事をすることが決まった。社会に対する怒りのエネルギーが、村山さんに勇気を与えてくれたのだ。それから、村山さんの新たな生活が始まった。

その編集部と別の新しい雑誌社で八年ほど働いた。営業と制作を担当していたが、仕事を通して多くの人と会えたことが非常に楽しかったそうだ。仕事で読者の女性と話をする中で、自分と同じような思いをしている人たちに出会った。そのような人たちと出会えた経験も、とても良かった。

しかし、働いているうちに社長と編集方針が合わないことにストレスを感じ、抜け出せずにもがいていた。自分の可能性を引き出すために前の仕事を辞めたのに、結局はまた、自分の力を出せていなかったのだ。

▽株式会社アヴァンティの誕生

村山さんは、読者の女性たちの中にある「自分の可能性への期待」を感じ、働く女性を揺り動かしたいと思い起業したのだ。

起業を決意したものの、村山さんには問題があった。まったくと言っていいほど、お金がなかったのだ。しかし、起業したいという思いが強かった村山さんは、必要なお金を国民生活金融公庫や知人たちから借りた。

お金はすぐに集まった。村山さんの情熱に引き込まれるかのように、友人たちから資本金の三百万円が集まった。社員は、求人誌で集めた営業も雑誌づくりも素人の社員ばかり。ここから、村山さんの起業人生が始まったのだ。

事業のノウハウに関しては、起業の前に編集の仕事をしていたので問題がなかった。しかし、経営のノウハウに関しては何も分からなかった。村山さんは自分の分からない総務や経理はできる人にやってもらおうと考え、設立当初から人に任せている。

しかし、経営において数字は大事なので、今では自分で眺めて分析しているそうだ。二、三年後、元の会社で一緒に雑誌を作っていた仲間たちが別の編集プロダクションなどに勤めてレベルアップし、村山さんの会社に集まってきた。化粧品会社の同期で大親友も入社し、今では頼りになる片腕だそうだ。

▽一千万円の経費削減

会社のエントランスに展示された『アヴァンティ』既刊分

起業した後、創刊号を出す前がいちばん怖かったそうだ。世の中に新しい雑誌を出すのは責任がある。創刊したら、よほどのことがない限り辞められない。

しかし、予想に反して広告が集まらなかった。半年経っても毎月百五十万円もの赤字が出て、給料日と支払日に苦労した。両親の家を担保に取られている印刷会社にだけは支払日を遅らせてもらうよう交渉したり、個人のカードローンなどでやり繰りしたりすることもあったという。

このような状態で赤字の月が続いていたが、コストの削減や社員の努力もあり、三年目にやっと黒字が出た。コストの削減というのは、印刷費用の削減である。雑誌の出版では、相当な量の印刷をしなければいけない。ライバル社に見積もりをもらった。

決死の交渉術は功を奏し、年間一千万円ものコストダウンに成功した。元の印刷会社が安い金額に合わせてきたのだった。これは、大きかった。また、社員はそれぞれ自分で営業をし、自分が営業で得た記事は、自分で書いているそうだ。そのような努力の甲斐あって、今では軌道に乗っている。

▽アヴァンティの現在と展望

アヴァンティは、福岡市だけでなく北九州市にも支店がある。『アヴァンティ』という雑誌を九州各地に広めたいと考えていた村山さんは、まずは近くて大きな都市である北九州市を選んだ。そして、人材が育っていくためには役職づくりも必要だと感じ、支店を構えたのである。

現在では、福岡市で一四万五〇〇〇部、北九州市で九万二〇〇〇部を発行している。福岡市と北九州市では、それぞれその地域に合った内容を掲載している。その他に村山さんは、働く女性のためのフォーラムや女性起業家としてセミナーを開催している。

村山さんは、経営者は母親のような感じだと言う。会社は、社員の成長があって大きくなるのだそうだ。だから経営者は、人をやる気にさせることが大事、それによって社員が成長することが会社の売上げアップにつながると考えている。

そんな村山さんが常に大事にしているのは、社員とのコミュニケーションを取ることである。社員に元気がなかったり、モチベーションが下がっているようなときは、しっかりと話をすることにしている。また、入社五年目や十年目に長期休暇を与えて、旅行に行かせたり、社員の誕生日には会社からプレゼントをあげる。今年はバカラのグラスだそうだ。

まだ、多くの会社では女性がのびのびと自分の持っている力を発揮して働くことが難しい現状がある。ロールモデルになるような活躍する女性を知ることで刺激を受け、勇気や希望や元気を与えることのできるような働く女性のネットワークを全国に広げていきたい、それが村山さんの想いである。

お金のホームドクター

FP事務所 office.K　弥《や》永《なが》恵《けい》子《こ》氏
（NPO法人福岡南FPセンター理事長）

創業日：平成16年4月10日（NPO法人設立日：平成17年10月25日）
業　種：サービス業
資本金：200万円
従業員数：無し
本社所在地：久留米市天神町101

▽ファイナンシャルプランナー（FP）という仕事

知らなくても損はしないけど、知っていて得をすることはたくさんある。ファイナンシャルプランナー（以下FP）とは、そういうお金に関する知識を多く保有している人のことだ。FPは税金、証券、保険、不動産など、非常に幅広い金融知識を保有しており、その知識を生かして、顧客へのアドバイスやTVのコメンテーターなどとして、さまざまな分野で活動している。

これから紹介する弥永恵子さんもそのＦＰの一人であり、久留米市で個人事務所 office. K を設立し、相談業務などを行っている。

▽ＦＰになるまで

弥永さんは高校卒業後すぐに結婚し家庭に入り、最初のお子さんを出産。その後、二十一歳で二人目のお子さんを出産した。

その段階で、税金にしても保険にしても全く知識が無く、そのことに不安を感じていたところ、知人から「保険に興味があるのなら、いろいろ勉強してみない？」と生命保険会社を紹介され、以後十三年間そこで営業を担当した。

三十四歳の時に生命保険会社を退社し、以前から興味のあったＦＰについて学び始め、二年間でＦＰとしての高い権威を示すＣＦＰ（Certified Financial Planner）の資格を取得。そして、今の事務所である office. K を設立した。

▽独立系ＦＰ

ＦＰは二つに大別して、企業（資本）系ＦＰと独立系ＦＰがある。企業系ＦＰとは、保険会社や金融機関に属し、営業活動にＦＰ資格を生かしているＦＰのことである。それに対して独立系FPは、その名の通り個人で事務所を持ち、顧客の資産運用の改善、保険の見直し、住宅ローンの見直しなどの相談を受けて、相談料という形で収入を得る。しかし、現代の日本ではFPというものの認知度が低く、個人で顧客を見つけねばならない独立系は、企業系に比べどうしても収入を得にくい傾向がある。

弥永さんは独立系FPであるが、収入面で優れる企業系ではなくあえて独立系を選んだのには理由がある。それは、独立系は企業系に比べると会社に拘束されることなく、本当の意味での中立の立場でアドバイスをできるという魅力があるからだ。

弥永さんは、FP資格を生かして営業を行うよりも、人々の相談を請け負う仕事を選んだのだ。それは、自分の知識を通して多くの人によりよい生活を送ってほしい、幸せになってもらいたい、という弥永さんの願いからきた選択である。

現代、日本人はアメリカ人と比較すると金融知識に乏しいといわれており、その背景として日本ではお金の話はタブー視されている傾向がある。例えば、日本ではどのような金融商品を購入したかなどを語り合うことはまれであるし、子供が親に家のお金の事情を聞こうものなら、「お前はそういうことは知らなくていい」と退けられることだろう。

このように、日本ではお金の話というものがタブー視され、外においても家庭においても他人とお金の話をすることが少ないことが、日本人の金融知識の低さの誘因となっている。

また、それらの背景から、日本では金融についての知識を学ぶ機会があまりないため、保険も営業の人に言われるがまま加入している人が多い。月にいくら保険料を支払っているのかさえ分からない人も少なくない。

保険の営業をやっていた弥永さんは、そういう人たちを救いたいという想いから、今の仕事を選んだのそうだ。

▽久留米の街とＮＰＯ法人

弥永さんは昔から久留米市に住んでおり、幼い頃から商店街によく顔を出し、自ら積極的に友達の店のお手伝いをしていたのだという。そんな大好きな久留米の街を中心に、弥永さんはもっともっとたくさんの人に金融知識を広めたいと感じるようになった。

今までやってきたＦＰとしての相談業務だけでは金融知識の普及活動に限界があると思い、平成十七年に「福岡南ＦＰセンター」というＮＰＯ法人を設立した。そこでは従来の相談業務とは異なり、地域の人々への金融知識の普及を目的として、少人数での勉強会やセミナーといった一般の方向けの教育を行っている。

他にも、子供向けのボードゲームを使った金銭教育や母親と一緒にお小遣い帳をつけるなど、子供が学びやすく興味を引きやすい形で、子供向けの金銭感覚を磨く活動も行っている。

また、小学校高学年を対象にして子供起業家塾を開いており、そこでは実験的に模擬会社を設立し、起業から実際にお金を得て解散するまでの一連の会社の流れを体験できる。そこには金融知識だけではなく、失敗を恐れずに挑戦する心、自分の考えで行動できる力、チームワークの大切さなどを知ってもらおうというねらいもある。

さらに、地元の高校などでは金銭感覚を磨くための講演を行うなど、FPの知識を生かし、地域に密着した形で、幅広いさまざまな活動を行っている。NPOでの活動について弥永さんは、「久留米の街で活動していくのはとても楽しいんです。久留米、大好きですから」。そう楽しそうに語ってくれた。

▽弥永さんの目指すFPの姿

弥永さんの話によると、日本では国民全体の金融知識の低さから、FPというものの本来の意義が薄れてきているそうだ。FPは保険を売る人だとか、資産運用をする人であるという印象を持たれており、保険の営業で顧客から信頼を得るための肩書きとして用いられることもあるという。

FPがすべきことは、本来そうではない。結婚式や病気での入院、マイホーム購入、遺産相続など、顧客一人一人の人生の出来事や目標を達成するうえで必要なことを、幅広い金融

無料相談中の弥永さん

知識によってサポートすることがＦＰのあるべき姿である。

弥永さんは自身の目指すＦＰについて、「お客さまと寄り添った形で、一緒に人生を一歩ずつ歩んでいきたい。そんなお茶の間のＦＰを目指しています」と語る。

▽成功の反対は……

認知度の低いＦＰとして独立するのにはさまざまな不安があったのではないかと感じ、「起業するにあたって不安はなかったのですか？」という質問をした。しかし、返ってきた答えは意外なものだった。

「不安というものはあまり感じなかったですね。考える前に行動してみよう。考えすぎると考えが膨らみすぎて逆に動けないってことはないですか？　やらないで後悔するくらいならやってみよう。成功の反対は失敗じゃない、何もしないことなんですよ」

笑顔で語る弥永さんからは、今の仕事を心から楽しんでいる印象を受けた。

信念の経営者

正義の信号機

株式会社ケアリング　社長　中尾《なかお》光明《みつあき》氏

創業日：平成13年2月1日（法人設立日：平成12年11月29日）
業　種：福祉介護サービス事業
資本金：1000万
従業員数：242名（非常勤含む）
本社所在地：福岡市博多区千代3－6－3　千代大学通2階

▽アットホーム

中尾光明さんは、正義感が強く、社員を第一に考えることのできる社長だ。そんな中尾さんが率いる株式会社ケアリングは、主に高齢者や障害者の方を対象に、訪問介護サービスや訪問入浴サービス、デイサービスなどを行っている。

社員には、下は中学登校拒否の十六歳の少年から、上は八十過ぎのおばあちゃんまでいるという。意欲のある人ならば、いかなる人であってもこだわりなく雇う。オフィスは多くの観葉植物で彩られており、明るく安心のできる雰囲気を与えてくれる。

▽燃える正義感

中尾さんが社員を大事にし、強い正義感をもっている背景には、過去の出来事が関係しているようだ。

中尾さんは大学卒業後、国内のある大手事務機器製造メーカーに就職。この会社では、大卒社員の九割は入社後短くて五年、長ければ十年もの間、海外で勤務する。中尾さんも海外へ派遣される予定であったが、九州の父親の容態が悪くなり、介護のためやむを得ず退社。その後、知人の紹介で、ドイツのある医療メーカーの九州支社に入社した。そこで二十年間、医療に携わることになる。そして、ドイツの医療を学ぶうちに、ヨーロッパの福祉の素晴らしさに感銘を受け、これを日本でやりたいと思うようになり、医療メーカーを退社し、日本のある大手の介護サービス会社へ入社した。

当時、日本では介護保険というものはなかったが、二〇〇〇年四月から新しく始まるということで、この会社では相当の利益が予想されていた。しかし、思ったほど業績は伸びず、組織の再構築として三千八百人のリストラに踏み切ることになる。

それに、当時のマスコミが食いついた。「不当なリストラである」と各種メディアがバッシングし、九十六万円あった株価が十万円を切ってしまった。これに対し、会社側は三千八百人のリストラに加え、九月に三千人、十月に四千人の解雇を追加で行うことを決定。当時二万人いた従業員を半分にしてしまおうとしたのである。

当時、九州事業部の責任者だった中尾さんは、最初の三千八百人のリストラには断腸の思いで自分の部下をリストラし、会社に協力した。しかし、次第に会社に対して疑問を抱くようになり、後日開かれた役員会で自分の思いをぶつけた。「働く社員に責任と罪は無い。社員は上層部の指示命令を聞いていただけなのだから。責任を取るべき者は、ここにいる私を含めた役員だ。社員、労働者を一方的にリストラを行うのであれば、同じように私達役員の数を減らすなり、給料を減らすなりを同時進行でやるべきだ！」

この後、もしリストラが避けられないのであれば、中尾さんは会社側にリストラの条件として三点を申し出た。一つ目は、手紙などでリストラする社員に対して、謝罪の気持ちを会長、社長自らが示すこと。二つ目は、一日でも働いた従業員には三カ月の退職金を出すこと。三つ目は、このリストラが会社都合によるものであると認めること。

それらの条件を提出した一週間後、会社側の返事は中尾さんの懲戒解雇であった。

そこで、中尾さんは解雇された社員数名とともに、今の会社であるケアリングを設立することになる。

▽いかなる人にもサービスを！

自身の十年間にわたる介護の経験から、介護の必要性を感じていた中尾さんは、「国民に納税責任があるなら、いかなる人も平等に社会保障を受けられる権利があるはずだ」と考えていた。そして、全ての介護の必要な人を守り、どんな人でも安心したサービスの受けられる会社にしたいという信念のもと、ケアリングを立ち上げた。

ケアリングは、訪問入浴サービスや訪問介護支援サービスを行っている。他の事業所で断られた人であっても、介護を望む人であれば、いかなる高齢者・障害者の人にも介護サービスを行う。経営するデイサービスセンターとグループホームは、建物全体に天然の杉・檜を取り入れ、人工炭酸泉温泉を設け、食事には無農薬自然米を使っている。利用者が元気になるように、お客さんの満足、安心を第一に考えた施設になっており、この介護システムが、国内において福祉・介護分野で初めて「中小企業経営革新事業の認定企業」として認定された。

経営革新事業とは、一つの分野で今までにない新しいスタイルの事業を確立し、将来性や収益性を国から認められた企業のことである。これにより、銀行などからの社会的信用度も上がり、ケアリングは円滑に資金を集め、新たな事業を展開することができた。

デイサービスセンター

▽信　念

中尾さんには、一本太い芯が通っている。どんな状況の中にあっても自分を信じ、自分の意見を貫き通せる強さを持っている人である。以前の会社に属していたときも、自分の意見のほうが社会的、人間的に正しく「公平・中立」であると思えば、周りの意見に合わせることはなかった。会社での立場に悪影響が出ることを承知の上で、幾度となく会社の方針に異を唱えた。

また、中尾さんは自分がリストラされた経験があったため、社員を極力大切にする。業績が悪くなれば管理職や中尾さん自身の給料を減らし、パートやアルバイトの給料は減らさない。実際に、起業して間もない頃は経営が苦しかったため、中尾さん自身は給料を得ることができない状態が続いたが、奥さんの貯金を使って、従業員に給料を支払っていたのだそうだ。

▽会社の道しるべ

中尾さんには「信号機」という愛称がある。これは、中尾さんが非常に感情や表情の豊かな人物であり、それらがよく変わり、分かりやすいことから社員が付けた愛称である。

中尾さんが赤信号に切り替わったときは、自分の信念を貫き、声を荒げて自分の想いを社員にぶつける。また、自分が意見を言うだけでなく、取締役・管理職・社員・非常勤パートの意見も平等に聞き入れ、良い意見は職位に関係なく採用する。仕事も自らが率先垂範して行い、街頭でのパンフレット配りや会社の掃除など、自分でできることはすべて自分で行う。

そんな社長の背中を見てからか、社内の雰囲気はよく、夜遅くまで続く仕事にも誰一人として不満を言わないという。そんな明るい雰囲気は、今後もずっと続いていくだろう。会社の進むべき道を明るく指し示す、一本の信号機がある限り。

顧客ニーズへの対応が新規事業に発展

株式会社トライアングル　社長　山北雅春《やまきたまさはる》氏

創業日：昭和60年1月1日（法人設立日）
業　種：一般労働派遣事業・アウトソーシング・総合広告代理業
資本金：1000万円　年商：6億円
従業員数：20名
本社所在地：福岡市中央区天神3−10−32　ロゼ天神2階

▽三十九歳で思いがけなく起業

山北さんは、天神で広告代理店を経営している。

大学卒業後、清涼飲料メーカーに就職して営業をしていたが、二十八歳のとき、先輩に誘われて広告代理店に入った。その会社でも営業を担当して取締役に就任、自分で会社を始めるつもりは全くなかったそうだ。

ところが、突然、信頼していた社長が亡くなるという不幸に見舞われる。会社の経営環境の急変と将来の展望を真剣に考えた結果、山北さんは十二年勤めたその会社を辞めた。就職も考えたが、この機会に会社経営という可能性を試してみたいと思うようになった。

しかし、それまで独立を考えたことなどなかったので、何の準備もしていない。半年ほどの準備期間を経て、昭和六十年に広告代理店トライアングルを設立した。できるだけお金をかけずに始めようと、当初は社長ひとりの会社だった。事務所は先輩の会社に間借りし、友人から不要になった車を譲り受けて営業に回っていた。既に三十九歳になっていたが、先輩や友人のありがたさを改めて思ったそうである。

前の会社での経験で、企画、営業、ディレクターなど広告代理業として必要な仕事はできるが、果たして、思った通りにやっていけるのかという不安はあった。それまでに培ってきた広い人脈もあるが、「自分を育ててくれた前の会社の顧客を奪うなどという不義理はしたくない。ゼロから始めよう」と心に決め、前職時代の顧客からの仕事は受けず、飛び込み営業などもして新しい顧客を開拓していった。

このため、設立当初の二、三カ月は売上げが二十～三十万円で、最初の三年間、自分の給料はなかったという。家族八人の家計を奥様が持ちこたえてくれたそうで、山北さんはトライアングルという会社の理想像を描きながら、ひたすら仕事に励んだ。どうやったら仕事がうまくいくかを毎日真剣に考えていたそうだ。顧客もだんだん増えてきて、まずはパート社員、そして正社員を一人、二人と増やして陣容を固めていった。
「設立して三年もつ会社は一五％に過ぎない、三年持ちこたえると後は続く」といわれているそうで、山北さんも最初の三年が勝負と考えていた。目安としていた三年が過ぎる頃、会社は順調に軌道に乗っていて、仕事の中から新たなビジネスチャンスを発見することになる。

▽顧客の要望がきっかけだった人材派遣の仕事

広告代理業というのは、顧客である企業などから依頼されて、その広報宣伝活動を企画、提案し実行していく。新聞や雑誌、テレビなどの広告や、カタログなどの販促物の制作にあたっては、業界の専門知識や専門職の手が必要なため、広告代理店が顧客に代わってこれらを行うが、効果的な広報宣伝戦略を練るために、商品やサービス、さらには企業理念や販売戦略まで企業側と深く関わることもある。

顧客との打ち合わせの中で、会社が抱える問題が話し合われることもあり、ちょうど人手不足の時代で人材についての話が出ることがあった。会社は社員を採用して仕事ができるまでに育てるのに、多大な費用と労力をかけている。話を聞いたり相談を受けたりするうちに、山北さんは、会社が希望する能力を持つ人を探して紹介するようになり、あちこちの会社から派遣社員探しの依頼を受けるようになった。

人を一人雇うにも、求人広告を出し、試験や面接を行い、さらに採用後は仕事を教え専門的な研修を受けさせるなど、採用前後にかなりのエネルギーが要る。このような、採用に関する問題を解決することも顧客の大きなニーズのひとつであると分かり、人材派遣業も本格的に始めることにした。本来の業務で深く関わっている会社なので仕事内容や社風などを十分に知っており、どのような人材が必要かよく分かっているため、依頼先の要求に的確に応えることができた。

▽時代のニーズに即した人材派遣業務の発展・拡大

一般に、派遣社員の募集は、一度に多くの人を募集して登録しておく。しかし、トライアングルは元々、求人広告をメインにやっていたので、広告作成や価格の面でのメリットをいかし、資格やスキル、経歴などを指定して一件一件個別に求人広告を出す。従って、要件を満たす人材が応募してくるので職務への適合性が高く、山北さんが能力や人柄を含めて選ぶので、依頼側の満足度もより高くなる。さらに、時代の流れとともに二十四時間稼動する業種が増えて、物流センターやコンビニエンス・ストアなど夜間労働力の需要も拡大し、人材派遣の要請は大きく増加した。

こうして山北さんは本来の仕事ではないが、サービスとして顧客の抱える問題に対応しているうちに、新たな顧客ニーズを見つけることになった。しかも優秀な人材を紹介することにより、顧客からの信頼はさらに厚くなった。

近年は、正社員として採用する前提で一定の期間試用のような形で派遣する「紹介予定派遣」の依頼も多く、山北さんも力を入れて取り組んでいる。これは、正式な採用の前に、会社側では資質や能力を見極められるし、雇用される側も会社のニーズや労働環境を正確に把握できる。能力、資質、希望の合致した人を見つけてマッチングさせることで、顧客企業、社員の双方から満足してもらうことができる。また、アウトソーシングの需要も増えてきて、製造業などの分野の業務請負もしている。

社業の広告だけでなく、いろいろな相談に乗ったりクライアントのニーズを満足させようとする山北さんの誠実な姿勢が、新しい事業につながっていった。山北さんは「身体を動かすのをいとわないことですね」と、にこやかに言った。

▽〝1119の原理〟

また、山北さんは〝1119の原理〟なるものを話してくれた。

数年前、広告代理店をやっている後輩がある企画を持ち込んできた。テレビ局や大手の雑誌社などと仕事をする場合は会社としての取引コードが必要で、自分のところでは直接取引ができなかったため、山北さんに相談に来たのである。広告代理業では、このような持ち込み企画を採用してくれる媒体を探したり折衝したりして、代理業としての手数料を受け取る仕事もしている。

さて、くだんの彼の企画が採用されて報酬の話になったとき、彼が50：50で分け合いましょうと提案したのに対し、山北さんは自社の取り分を5下げて55：45にしたそうだ。5を譲って彼の分を上げたのは、相手の仕事に対する評価の気持ちを表わし、相手をたてたのである。この〝5〟の持つ意味は極めて大きい。お互いに尊重と信頼が醸成されていき、彼はその後も次々に良い企画を持ってきて、気持ちの良い仕事づきあいが続いているそうだ。

会社の発展のために経営者は利益を上げなければならないので、譲る気持ちを持つことは難しいが、人と人の心が結ばれてこそ互いに満足のいく良い仕事ができる。「損か得かを考えずに相手をたてて少し譲ろう」。この方針を決めてから、山北さん自身、気持ちが楽になったそうである。十一月十九日に起こった出来事なので、これを〝1119の原理〟と名づけられている。

山北さんは、〝四訓・五実〟を自らに定めている。〝四訓〟とは愛和、誠実、奉仕、感謝。〝五実〟は自主積極、家庭平和、健康第一、元気・勇気、そして前述の〝1119の原理〟

木質建築で働きやすい事務センター

の五つである。これらは考え方の基本、行動の指針として、いつも手元に持っている手帳にしたためてある。「どれも当たり前のことですが、忘れてはならない普遍的なことです。人生の中で気がついたり発見したりしたことを大事にしています」。山北さんならではの味わい深い言葉だ。

▽トップとして必要なこと、人間として必要なこと

山北さんは前の会社で取締役をしていたが、トップとして会社を経営するようになってから、さらに人間的資質を高めなければと自己研鑽に励むようになった。

東京アチーブメントという研修やナポレオンヒルのプログラムなど、セミナーへの参加や本の購入に時間もお金もかけて自己投資している。「良い仕事が入ってきても、器が小さくてはこぼれてしまいます」と山北さんは話す。仕事の幅が広がると内容も充実し、それに伴って売上げも上がってくるし、次の仕事にもつながる。良い仕事をするための準備を、常に怠らないようにしているそうである。

起業を考えている人には、必ずやり遂げるという信念をしっかり持つこと、自分の姿勢が大事と山北さんは言う。さらに具体的な方法論として、「目標設定からの人生行動の逆算」を教えてくれた。目標があっても漠然としていてはだめで、期日をいつまでと決めないと物事は進んでいかない。目標から逆算して、まず何をするか、次に何をするべきかを順次考えて段取りすることが重要だ。仕事に限らず物事すべてにおいて、この逆算方式でいけば目標の実現に向かうと語る。山北さんの言葉はわかりやすく説得力がある。

山北さんの会社は順調に発展を続け、すでに創業二十年を超えた。社名のトライアングルは三角形の意味。顧客、派遣社員や外部スタッフ、そして自社の三者が調和して結ばれ、みんなが満足できる関係で共存共栄していけるようにと名づけたもので、設立時のこの思いをいつも大切にしている。さらに、会社の成長にはいろいろな人の支えや協力があったことに感謝し、これからは社会に貢献していきたいと考えている。

「人の幸せは自分の幸せ」、64歳で起業

株式会社泰山　代表取締役　今林《いまばやし》潤一《じゅんいち》氏

創業日：平成9年6月3日（法人設立日）
業　種：不動産業
資本金：2000万円　年商：6億7000万円
従業員数：30名
本社所在地：福岡市中央区薬院1－10－14

▽銀行マンから一般企業へ、第二の人生

泰山の社長今林さんは、地銀の銀行マンだった。不動産会社を経営する友人に請われて業務の拡大を手伝うことになり、三十年勤めた銀行を退職したのは五十二歳のときだった。銀行マンとして築きあげた地位もあったし、もう少しで定年を迎え、満額の退職金をもらって悠々自適の人生を送れるのに……と周囲は反対した。

しかし、銀行業には大蔵省（現在の財務省）によるさまざまな規制があり、自由にやれる

一般企業という環境で仕事をしてみたいという思いがあったそうだ。転職先の会社に専務として迎えられ、銀行時代の経験をいかして資金調達や人事など経営管理システムの確立を担当した。十年ほど経った頃、バブルがはじけて会社を縮小することになり、友人は息子を次の社長にした。今林さんはこの会社で十年間働いたことでもあり、これを機にリタイアすることにした。

ところが、リストラで廃止されることになったディベロッパー部門の社員七人は、他部へ転属することもできたのだが、新しい会社を作って社長になってほしいと今林さんに頼んできた。今林さんは世間的な定年の年齢も過ぎていたし、もう仕事をするつもりはなく、まして起業など思いもよらないことだった。しかし、自分が採用に関わった社員たちからの切なる願いであり、不動産業ならばこの会社での十年の経験もある。七人に新たな働く場を提供するために、会社を起こすことを決意した。

▽自分のためではない、人のための起業

こうして平成九年に泰山（通称・タイザンホーム）を設立。今林さん、六十四歳のときである。手元にあった一千万円を開業資金に充て、さらに銀行から一千万円を借り入れた。銀行というしっかりした大きな組織での仕事が長かったため、起業する際も最初は小さく始め

泰山本社（福岡市中央区薬院）と天神店のスタッフ

ようとは思わず、必要なものは揃え、会社としての仕組みを固めてスタートしようと考えた。

今林さんは重ねて言う、「私個人としては、決して起業などしたかったわけではありません」。実は、今林さんはプロテスタントのクリスチャンである。キリスト教の教えに従って「人の幸せを第一に」と考えた結果の起業であった。資金と労力をかけて働く場を作ってくれた今林さんの思いに応えようと、社員も新会社で一所懸命に働いた。

サラリーマンと経営者では、責任の重さが全く違う。会社の経営は想像以上に大変で、今林さんは全力を投入した。会社を作った以上は成長させなければいけない、会社が成長しなければ社員は夢や生きがいをもって働けないと、昼も夜も会社のことを考え、夢にも出てきたそうである。「この会社で、社員が人生をかけて自分の夢や生きがいを達成することを願っています。それが社長の生きがいです。六十四歳という年齢で、自分のために会社を作る気にはなりませんよ。人のためだから頑張ってこれたんですよ」と、今林さんは穏やかに話す。

会社は初年度から利益が出たが、これは今林さん自身が三年間は給料やボーナスを取らなかったからである。子供たちは独立して夫婦二人だけの生活なので、給料をもらわずにやっていけたそうである。さらに、お金儲けのために会社を作ったわけではないからと、今林さんはボーナスも配当もずっと受け取っていない。

社員のボーナスは、社長である自分がボーナス査定するのではなく、利益の二〇％の範囲で、所定の評価表に従い上司と部下が話し合って決める方式を取った。仕事に励めばボーナスが上がるので、社員のモチベーションも上がる。銀行時代に経験した優れたシステムを経営にいかす一方で、このような自社の業務や状況に適したやり方も柔軟に採り入れた。

▼会社経営に必要なのは社会に信頼されること

今林さんの起業の土台には、同じ業種での十年にわたる経験と、銀行時代から長年福岡で仕事をしてきた間に得た信用があった。地域社会からの信頼がなければ会社は成功しない、人のため地域のために一所懸命に仕事をすることで、だんだん信用がついてくるし人脈も広がる。友人の会社に入ってからも、社員への給料の支払いや仕事先への手形決済などが遅れたことはなく、迷惑をかけたこともない。そういうことを、社会はよく見ているのだそうだ。

会社がダメになるのは社会から信頼されなくなったとき、すなわち倫理の問題だと、今林さんは強調する。一九二九年に起こった米国の大恐慌で、生き残ったのは主にプロテスタントの経営者だったが、それは経営の基本に「皆で分かち合い感謝し合う」という考え方があったからだそうだ。

「もちろん企業としては、まず自社の社員のことを考えなければならない。自利と他利のバランスを取ることが大切です」。そして、他人の幸せを願っていても、人間は自利の方に動いてしまうものだから、まずは他の利益を優先すると考えたほうがよいそうだ。理想的には百パーセント相手の立場に立つことだが、それは難しい。しかし、相手の立場にできるだけ近寄り、相手の求めることを理解し提供することで、相手の満足度は高くなる。それが競争力を持つことにつながる。

自分中心になりがちなのを歯止めをかけるために、哲学の本や優秀な経営者の本を読むように社員に奨めている。今林さんは、特に、京セラや第二電電（現ＫＤＤＩ）の創業者である稲盛和夫氏と考え方が同じなので、氏の著書を毎日の朝礼で社員に読ませたり、また主宰するセミナーへ社員を研修に出して成果をあげている。

▽業績向上と人材プラン

今林さんは起業するにあたって、当初の十年を会社の基礎固めの時期と位置づけた。具体的にはまず経営の五カ年計画を立てて、これを実行した。トップは自ら先頭に立って働くことが大事で、「自分で橋を作り、渡ってみせなければ、誰も渡りません」と言う。

同じ経営者でも二代目の場合は、既に土台、信用、お金、人材すべてがある。創業者は一から築いていかねばならないので道は厳しく、自分のことなど考える余裕はない。また、若くして起業した人はゆっくり時間をかけて会社を成長させ社員を育てられるが、六十四歳で会社を設立した今林さんは、三十年分を十年の間に全速力でやってしまわなければならなかった。

設立して十年の間に業績も伸びて経営が安定し、人材も育ってきた。今は社長交代も視野に入れながら、次の経営プランを考えている。社長が替わるということは、社長の下、その下……というように、全段階が一ランクずつアップしていなければならない。つまり全体にわたって、個々の能力が育っているかを見極めることが大切である。

「人材を育成するには、社員ひとりひとりをしっかりと見つめて役割に応じた明確な目標を与える、これを経営者が情熱を持って行うことです。マニュアルどおりでは決して優秀な社員は育たない」と、今林さんは確信をもって語る。

創業十年を目前にして、仕事は大変だったがこの会社を作って本当に良かったと、今林さんは心から思っている。「社員の幸せが自分の幸せ」と実感するそうだが、これは、「人の喜びを自分の喜び、人の幸せを自分の幸せとする」と定めた泰山の企業理念である。

社名の由来である泰山は中国山東省にある名山で、孔子は『論語』の中で自分のことを泰山にたとえているそうだ。今林さんは、どんなことがあっても崩れることのない価値ある名山のような会社でありたいと願い、泰山と名づけた。その名のごとく会社は着実に成長し、さらに信頼される価値ある企業へと歩み続けている。

二人の師との出会いで経営方針を確立

株式会社福一不動産　代表取締役　古川《ふるかわ》　隆《たかし》氏

創業日：平成4年6月25日
営業権買取日：平成9年9月22日
業　種：不動産業
資本金：1000万円　年商：1億8000万円
従業員数：15名
本社所在地：福岡市博多区上川端1－6　関ビル2階

▽伝統ある博多商人の町での起業

博多の総鎮守櫛田神社のお膝元の冷泉地区。この地域を自転車に乗って、行き交う人と笑顔で挨拶を交わしているのが、福一不動産の古川さんである。

長い歴史を持つ博多商人の町・上川端で、古川さんが不動産会社を始めて十二年になる。この地域は古くから商業が栄えただけでなく、七百八十数年にわたる博多祇園山笠の仕組みが生きていて、都市には珍しく、伝統的な地域のルールが厳然と守られている。

宮崎県で生まれ育った古川さんだが、この町で働き、この町に住み、この町で山笠に出る。古川さんは〝地域密着〟の経営方針を決めてから、公私共に徹底的にこの地域に密着しているのだ。それは、ビジネスだけを持ち込んでも受け入れてもらえないが、共存共栄で地元を良くしていこうと本気で入っていけば、温かく迎えてくれる土地柄だからである。

▽独立の動機は「自分の納得のいくやり方をしたい」

古川さんは大学で建築を学んだ。昭和六十年に大手のマンション販売会社に就職、福岡にあった九州支店で営業マンとして働き始めた。仕事好きで頑張り屋の古川さんの営業成績はどんどん上昇、入社二年目に九州支店でトップ3に入り、四年目でついに全社一のトップ・セールスマンになった。

ところが、平成二年、バブルがはじける。バブル景気で爆発的に伸長した不動産業界は、崩壊後の衰退も激しい。古川さんの会社の業績も下降の一途をたどった。土地・建物の価格が大幅に下落し、例えば二千二百万円で売っていたマンションを一千四百万円で売るといった信じ難い事態も生じた。サラリーマンである以上、会社の指示に従わざるを得ないが、お客さんを裏切っているような気分だった、と古川さんは当時の苦い思いを振り返る。

平成七年、ついに会社はリストラに着手、営業成績の良かった古川さんには再就職先を紹介してくれた。しかし、納得できないことでも会社のやり方に従わねばならないサラリーマンを続けることはできない、独立して自分でビジネスをやりたいという気持ちが固まっていた。「お客さまとの信頼関係を大切にして、心の通った商売をしよう」と決意し、会社を辞めた。

退職後、知人がオーナーをしていた休眠状態の福一不動産に社員として入社したが、これが実質的な起業だった。小さなワンルームマンションの一室を事務所にして、知人から譲り受けたコピー機やファクシミリを入れた。電話や机などの備品を含めても開業資金は一人暮らしの引越し料金程度だったそうだ。その後、奥様も宅地建物取引主任の資格を取得して一緒に仕事をするようになり、このことは古川さんにとって大きな力となった。

最初の二年間、古川さんは前職の経験をいかし、市内各地のマンションの販売代理店として営業活動を行った。しかし、広い地域を飛び回るので効率が悪く、そのとき限りの仕事で継続性も広がりもない。果たしてこのやり方でいいのだろうかと思うようになったそうだ。平成九年に福一不動産の営業権を買い取って名実ともに経営者となり、経営について本格的に勉強してみようと考えた。

▽経営戦略を教えてくれた出会い

古川さんは優秀な営業マンだったが、経営は未経験だった。中小企業同友会に入り、会社経営について勉強を始めた。また、その後、師と仰ぐことになるコンサルタントが開催するランチェスター経営の勉強会で「経営の八大要因」を学ぶ。

古川さんは、やり始めるととことんやり通すタイプだ。この経営戦略のカセットテープや教材一式を購入し、会社や自宅はもちろん、移動中の車内など、時間を見つけては繰り返しテープを聴いたそうだ。内容をしっかりと頭に入れたうえで、自社の状況をさまざまな角度から検討し、「福一不動産に最適なのは地域戦略である」という結論に達した。会社から半径五〇〇メートルの地域は都心部で、マンションやオフィスビルなどの物件が豊富であり、それに何と言っても、川端商店街や九州一の歓楽街・中洲があるからだ。

しかし、ここは地元意識が強く、よそ者には入り込みにくい土地柄だった。そこで古川さんは、まずこの地に引っ越してきた。職住近接で通勤時間も短くてすむし、住民になると地域の様子がよく分かる。ここは博多祇園山笠が走る町で、子供の山笠参加をきっかけに、古川さん自身も山笠に出るようになった。

山笠は完全なタテ社会で、経験で序列が決まる。三十五歳になっていても、一番下の地位から山笠歴が始まるのだ。しかし、上の者が下の者の面倒をしっかりと見るし、結束も固い。山笠を昇《か》くときは、皆が無心で一体になる。

古川さんも毎年出ているうちに地域の人とも親しくなり、知人も増えていった。ＰＴＡや自治会など、地域の活動や行事にも積極的に参加した。こうした機会を通して地域の人とのコミュニケーションを図ることで、まず住民として信頼を得られるようになった。人脈も広がり、仕事に必要なネットワークもしだいに整ってきた。

▽目標設定の重要性を教えてくれた出会い

もう一人の師は、ある健康食品メーカーの経営者である。そのセミナーへの参加が、古川さん自身に大きな転機をもたらした。

ここではまず、将来の目標設定が重要なことを教えられた。それまで年間目標はもちろん、月間目標すら立てたことがなかった古川さんにとって、まさに目からウロコだったそうである。長期的な目標から、年間、月間……というように、やるべきことを明確にして行動すれば、目標に到達できるという話を聞き、「この人はそうやって実際に会社を大きくしていったのだから、自分にもできるかもしれない」と、素直にやってみようと思ったそうだ。

このとき以来、古川さんは毎年、経営計画書を作成し、朝礼や地域情報誌の発行について

社員旅行にて（2006年，ソウル・景福宮）

も、師のアドバイスを受けながら実行に移してきた。毎日の朝礼では、経営計画書のほか業務規則集を担当者が読み上げるが、これは繰り返し内容を確認して、忘れないようにするためだ。毎月発行する地域情報誌は、地元情報を中心とした内容で、創刊九周年を迎えた。「続けることに意義があるんですよ。本気だってことを分かってもらえますから」と古川さんは言う。

古川さんは独立してからの十二年を振り返り、この二人の師匠との出会いがあったからこそ、自分自身も会社も生まれ変わることができた、と語る。企業理念を掲げ、営業戦略を明確にし、組織や業務内容を整備して社員を育て、ここまで順調に業績を伸ばしてきた。

人材育成はどこの会社でも一番の課題だが、古川さんも積極的に力を入れている。社員の職種に合わせ、パソコンなど技能面での研修や講習会はもちろん、コーチングや自己啓発など、社内外で研修や講習会の機会を提供している。実務能力とともに、仕事に対するモチベーションが上がることも期待できるからだ。

古川さん自身も常に勉強を怠らないし、また、外部の人とのコミュニケーションも大切にしている。多忙な中で自ら立ち上げた博多経友会には、現在、五十人以上の会員がいる。まだ設立五年目のこの会は、活気にあふれている。元気のある意欲的な人たちと話をしていると、おおいに刺激されるそうだ。

▼夢は、中洲を日本一にすること!

福一不動産の営業範囲の中で、中洲地区は、商品はテナント物件、客層は店を開業したい人とはっきりしている。ランチェスター経営で言う「経営の八つの要因」のうち三つが決まっているので、より効率の良い戦術を立てることができる。

中洲での営業活動を考えたとき、普通にやっていたのでは、従来からある同業他社に太刀打ちできない。古川さんは、「うちだけにできることは何だろうか」と考えた。バブルがはじけて以来、中洲は低迷していた。そこで、「まず中洲を活性化させよう。中洲が元気になれば店を始める人も増えて、ひいては自分の会社にも利益になる」と思った。

古川さんは、思いついたアイディアをまとめて、中洲の経営者の参考になる販促方法のマニュアルや、開業に必要な資料パッケージを作った。あいさつ葉書のような、すぐに使える具体的なツールも考案した。これから店を出したいと考えている人には、物件の紹介はもちろんだが、営業担当者が開店に必要な手続きや準備をアドバイスするなど、全面的にサポートする。

年二回開いている講演会は、もう十五回を数える。これは、経営コンサルタントやビジネス書の著者、食品会社や飲食業の経営者、中洲の老舗クラブのママさんなど、バラエティに富んだ講師を迎え、実践的なテーマで講演が行われている。毎回百名を超える聴衆が集まり、これもすっかり定例化してきた。このほかランチェスター経営の勉強会や、不動産相続に関するセミナーなど、経営者や地域の人に役立つ講演会も開催している。

こうした地道な活動を続けてきた結果、今では中洲のビル・オーナーや経営者で福一不動産の名前を知らない人がいないほどになった。また、中洲の店舗の稼動状況を把握しているので、中洲の景気動向の指標のひとつとして、マスコミからコメントを求められることも多い。

一時は低迷していた川端商店街は、キャナルシティ博多などの開業を機に活気を取り戻し、今までになかった業種も店を出し始めている。最近、景気回復の兆しも見えてきて、中洲も新たな展開期に入ってきた。福一不動産の営業地域は元気になってきている。今、古川さんは「中洲を日本一の歓楽街にしたい！」と意気盛んである。

夢の田舎暮らしへの第一歩

パン工房「豆の木」店主　泊《とまり》　伸《しん》一《いち》郎《ろう》氏

創　業：平成16年5月28日
業　種：パン製造販売
年商：1600万円
従業員数：3名
所在地：福岡市博多区博多駅南2－3－12

▽自分の目指すパン作りがしたい

博多駅から徒歩十五分ほどの所にあるパン屋さん、「豆の木」。ここで、毎日おいしいパンを焼いているのが、泊さんである。

泊さんは、浪人時代に飲食会社のベーカリーレストランでアルバイトをして、パン作りに興味を持った。当時は海外に行きたいと思っていて、手に職があれば外国でも仕事ができるのでは、と考えたそうだ。その後、将来パン屋を開きたいという希望もあり、某菓子メーカーのベーカリー部門に就職した。

この会社に二十年近く勤めたが、前半は製造の現場で、良質の材料を使いなるべく添加物を入れないパン作りの経験を積んだ。後半は営業に配属され、商品開発や店舗管理などに携わった。

営業職になってからは、新製品を考えるにも、製造現場にいたときとは異なる視点で商品を見なければならない。おいしさも重要だが、店に出して売れるパンであるかということ、すなわち、ブームに乗っているとか話題性があることも商品作りに求められた。また、機械化された製造ラインで大量生産するため、製造工程も考慮して商品化に取り組まなければならない。妥協せざるを得ないこともあった。生地や材料なども機械化に適した便利な商品が持ち込まれたが、中には素材本来の味ではない、イメージに合わせて作られた材料なども出てきた。泊さんが目指すパン作りと現実が乖離していく。ジレンマが生じ、それはしだいに大きくなっていった。

このようなとき、両親があいついで病気で亡くなったこともあって、健康について考え始めたそうだ。それまでは水道水を飲んでいたが、阿蘇の白川水源など各地の湧き水を汲みに行くようになった。同時に自然への関心も生まれ、環境がどんどん汚染されていることを実感したそうだ。

こうして田舎を訪ねているうちに、自然豊かな所に住みたいと思うようになった。営業の仕事に疲れていたことも一因かもしれないと、当時を振り返る。自然の中にいると心地よい。「都会にいると空も見えない……これが人間の暮らしと言えるだろうか。大自然にいだかれた阿蘇に住んで広い空を見上げたい、そこでパンを作りたい」。泊さんの思いは日増しに強くなっていった。

▽開業に役立った会社でのキャリア

四十歳のとき、夢を実現するために会社を辞めた。阿蘇に定住の場を探して、一年の間、役場を訪ねたり、つてを頼って村を歩いた。ところが、福岡のような都市圏では想像がつかないことだが、阿蘇周辺の住民は皆、持ち家に住んでいて、アパートやマンションのような賃貸物件などないのである。

そのうちに知人から現在の場所を紹介され、まずは福岡で店を出すことにした。阿蘇でパン屋を始めるつもりで、中古の製パン機など必要なもの一式を既に買っていた。開業には約七百万円かかったが、貯金などの手元資金でまかなうことができたそうだ。ちょうど子供も生まれたばかりで、なるべく借金はせずに手堅くいこうと思った。

営業マン時代に新規出店も手がけたので、店舗の設計や業者との打ち合わせなどは慣れていた。店の立地や規模から売上げを設定してそこから必要な従業員数を決めたり、また仕入れなどの知識や経験もあり、スムーズに準備を進めることができた。商品開発も担当していたので、人気のパンの傾向や新しい材料などの知識や情報も十分に蓄積していた。

会社の大量生産ラインには不向きなパンも、「豆の木」の工房なら手間をかけてじっくり作れる。パン職人として、本当に作りたいパンを作ることができる喜びは大きかった。店の近隣は事務所ビルなどが多くて住民が少なく、さらに昼間人口も少ないという立地条件ではあるが、「良い商品を作っていれば、お客さまはそのうちに分かってくれる。焦らずに、納得のいくおいしいパンを作っていこう」と心に決めた。

▽マスコミの威力にびっくり

平成十六年、「豆の木」は開店した。泊さん、四十一歳のときである。近隣にオープン告知のチラシを配り、二～三週間はお客さんが来たが、その後はガタッと売上げが落ちた。

そもそも、冷たい麺類や冷菓が人気となる夏場はパン屋にとってはよくない時季といわれているが、開店は、これから夏になるという五月二十八日だった。お客さんが少なくて暇だった泊さんは、店の〝顔〟になるパンを考えた。元々カレーパンを作ろうと思っていたので、試作に取り組んだ。店名の「豆の木」にちなんだパンも作りたいと、黒豆や金時豆、うぐいす豆など各種の豆を使ったパンも考案した。

このカレーパンがおいしいということで、八月に福岡の情報誌に掲載された。すると今度は、テレビ局二社が取材に来た。九月になってテレビで紹介されると、売上げが大きく伸びた。放映中から三十分間、電話が鳴りっぱなしで、今さらながらテレビの力の大きさに驚いたそうだ。

ところで、パン屋の販売スタイルは、お客さんが棚に並べてあるパンを選んでトレイにのせ、最後に支払いをするという形が多いが、「豆の木」はケーキ屋さんのように対面販売だ。これについて泊さんは、「作っている人と直接顔を合わせることで、お客さんは安心して買うことができます」と言う。さらに、材料や味、作り方など、お客さんとの間でパンについての会話も生まれる。小さな店構えだが、温かい雰囲気が漂うおいしいパン屋さんとして、「豆の木」のファンは着実に増えていった。

▽パン作りへのこだわり

パン作りが好きで店を始めたくらいだから、こだわりも大きい。水や材料は安全なもの、健康に良いものを選んでいる。もちろんフィリング（具）も、あんこ、カレー、コロッケなどすべて手作りで、これらを作るだけでも手間と時間がかかりそうだ。

「豆の木」のパン

材料屋の調理済みの具を使えば簡単だし、原価も安くなるが、原材料に何が入っているか分からない。例えば、カレーに入っている肉がどこの産地のものか、また個々の素材の賞味期限も分からない。自分で選んだ材料を使って自分で作れば安心だし、パンの風味に合わせた味の具材が作れる。その日に作って、その日に売る。費用も手間もかかるので原価は高い。「売れるかな?」と心配で、ちょっと弱気な値段設定をしてしまうことも多いそうだ。しかし、採算的に厳しくとも、食べ物を提供する者として、健康や安全を一番に思う気持ちが揺らぐことは決してない。

製パン業界は種類や製法がどんどん進んでいる。フランスやドイツでもパンの大量生産が進んで品質の悪いパンが出回り、パンが売れなくなったことがあるそうだ。最近、また昔の作り方に戻って、味や品質が向上してきたという。日本でも、工業生産で作られた豆腐から、少々高くても昔ながらに手作りされた豆腐のおいしさが注目されるなど、同じような現象が起きている。

泊さんの店の近くにも、国産の豆を使って手作りしている豆腐屋さんがある。冷奴で食べるとき、しょうゆがいらないくらい豆の風味が豊かだそうだ。大豆はパンをしっとりきめ細やかにするので泊さんも食パンに使っているが、さらにこの豆乳のおいしさをパンに取り入れたいと、豆乳パンやおからを使ったパンも作った。

泊さんは、自分の作るパンのほか、この豆腐屋さんの豆腐や豆乳、また近郊の糸島などの新鮮な野菜や魚介などを集めて、健康に良い安心できる食品を販売する店を作って、お客さんに提供できればと思っている。

▽夢は阿蘇のパン屋さん

「豆の木」という店名は、「ジャックと豆の木」からつけたものだろうとは想像できる。童話に出てくる豆の木のように、元気に空に向かって昇っていくという願いをこめたネーミングであるが、もうひとつ、実は当時二歳だった子供さんが、大の豆好きなのだそうである。節分の豆まきの大豆に始まり、豆類全般にわたって大好きだそうだ。豆は蛋白質が豊富で繊維質も含み、優れた栄養食品である。泊さんもいろいろな豆を使ったパンを工夫し、おいしくて身体にも良い豆入りパンは店の名物でもある。

開業当初の泊さんのプランでは、この店を五年営業し、阿蘇へ移ろうと思っていた。立地や店の規模から、今の店は一日の売上げを五万円と設定している。しかし、十万円位の売上げを出さなければ阿蘇への道は遠いと、立地条件の良い場所への移転を思案中である。いま考えると、最初に借金をしてでも、もっと消費人口の多い住宅地で開業すればよかったと思うこともあるそうだ。

起業について、泊さんはこう語る。

「まず自分の得意なもの、好きなことをやること。次に、ほかとの差別ができる商材を持つこと、そうすれば競合しても勝てますから。そして、やると決めたら何事も良い方向に考え、決してあきらめないことです！」

泊さんの場合、パン屋さんは大好きな仕事であり、そのうえ理想のライフスタイルの一部に組み込まれている。仕事と夢が同時進行する楽しさもあるから、遣り甲斐や達成感も大きいだろう。パン作りを通して健康や自然に目を向け、そしてトータルな人生設計へと発展していく泊さんの夢は、泊さんが作るパンのようにふっくらと豊かに膨らんでいる。

幸せを運ぶ経営者

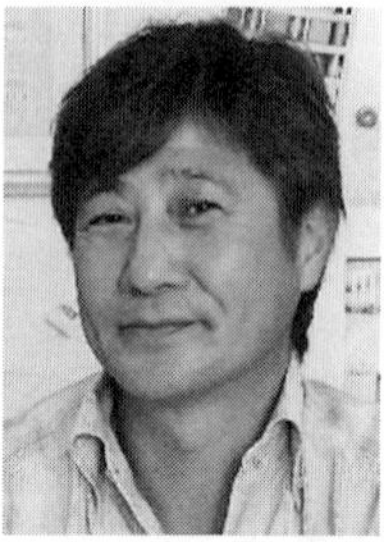

有限会社エコ・フラワー　ゼネラルマネジャー・社長　金丸《かなまる》　隆《たかし》氏

創業日：平成9年9月（法人設立日：平成12年5月15日）
業　種：フラワーデザイン（ブライダルブーケなどの生花の長期保存、商品販売）
資本金：300万円　年商：4500万円
従業員数：講師陣スタッフ6名（他県外スタッフ）
本社所在地：福岡市中央区白金1－1－7

▽エコ・フラワーという会社

有限会社エコ・フラワーは、ブライダルブーケなどの生花を記念として長期にわたり残してくれる会社である。その種類としては、ボトルやガラス容器に入れて保存するボトルフラワー、大きな額に入れて保存するソリッドフラワーなどがある。

金丸さんがこの技術に出合いエコ・フラワーという会社を立ち上げるまでには、さまざまな経験があったそうだ。

エコ・フラワーができるまで

もともと花が好きだった金丸さんは、現在の仕事をする前、花とは関係のない仕事をしていた。それは、店舗の内装・設備や空調設備である。店舗が完成し、お披露目の日を迎えると、たくさんのお祝いの花が届けられていた。その度に、花はいいものだと思っていた。

その当時、東京に住んでいた金丸さんにある出会いがあった。ブライダルブーケなどの記念の花を長期保存する技術を持つ方との出会いである。それが金丸さんの人生を大きく変えることとなった。金丸さんはこの技術に感動を覚えた、この素晴らしい技術を日本全国の人々に伝えたいと考えた。そこで、レッスンをやっている教室などを実際に見せてもらった。しかし、金丸さんには技術がなかった。そこで、まずは基本的な押し花を教えてもらった。

金丸さんは元々、環境に気を遣っていた。光化学スモッグやディーゼル車など環境に悪影響なものはなければいいと思っていた。空調設備をやっているときも、考えさせられることが多々あった。例えば、エアコンなどが壊れたらすぐに新しい物に取り替えてしまう風潮がある。手直ししてメンテナンスをすれば長く持つのに……というのが金丸さんの考えだが、やはり面倒だという意見が多く、やる人は少なかった。

花も同じことだと金丸さんは思っていた。枯れてしまえば捨てる。環境には良くないし、花もかわいそうである。良いものはより良い状態で残してあげたい。そのような考えから、金丸さんの花に対する思いは強かったのだ。

こうして金丸さんは押し花の技術を習得し、奥さんと二人で起業した。それから、金丸さんと奥さんは二人三脚で必死に生花保存の技術を勉強した。そうして金丸さんは、その技術を自分のものにしていったのである。

▽起業が決まってから

東京でフラワー保存の技術があることを知った金丸さんが、なぜ福岡で起業したのだろうか。それにも、エピソードがある。

金丸さんは、東京は人口も多く、市場が大きすぎるので、他に良いところはないかと考えていた。そのようなとき、チャンスが訪れた。押し花を教えてくれた福岡出身の方が、福岡で開いていた教室をやめて、完全に東京でやることになったのだ。それならと、福岡で始めることにした。

金丸さんは、マンションの一室を事務所として福岡で起業した。花を長期保存できるというこの素晴らしい技術を、日本中の人に伝えたいという一心だった。エコ・フラワーという社名の由来は、環境に気を遣っていた金丸さんの思いから付けられたそうだ。

▽山あり谷あり

起業とは、簡単なことではなかった。何もかもが初めてで、ゼロからのスタート。金丸さんはまず福岡で押し花を通じて、趣味と実益となる教室を始め、求人情報誌などで生徒を募集した。すると、非常に多くの人が集まり、会場を五、六カ所に分けて教室を開くほどだった。そこから、熊本や宮崎など福岡以外でも教室を開くことにした。

しかし、まだ始めて間もない会社で、一般的にはほとんど知られていない技術だったこともあり、生徒がほとんど集まらなかった所もあった。そのようなとき、金丸さんは持ち前の前向きな性格を活かし、めげることなく何度も募集をしたそうだ。その甲斐あって、多くの生徒が集まった。しかし、何もかもが初めてだったため、苦労はたえなかった。

金丸さん自身もまだ勉強中であった初めの頃は、冷たい視線を送る人もいたそうだ。それでも金丸さんは何とか、来ている人たちに技術を教えよう、レッスン料を身につけた技術で取り返しもらいたい、レッスンを受けたことで何かを始めてもらいたい、という思いで教室をやり続けたのである。

こうして、会社を始めてから半年間は教室の運営だけに力を注いだ。

起業して半年が経った頃、結婚情報誌に初めて保存用に加工された花の販売の掲載をした。

それから、現在のように教室運営と商品販売の両方を行うようになったそうだ。右も左も分からないところから始まったエコ・フラワー金丸さんの初年度の年収は、一千万円ちょっとである。

金丸さんは現在、九州や四国、遠い所では東京まで飛び回り、フラワー加工制作教室を開催している。九州はもちろん東京へも、綺麗な花のデザインが施された愛車で奥さんを隣に乗せて向かっている。これは、金丸さんのこだわりだ。

今では、そのフラワー加工制作教室で金丸さんと同じレベルの技術を身につけた生徒たちが教室を開いている。全国に広めたいという思いはあっても、全国に支店を構え、スタッフを雇うとなると莫大な費用がかかってしまう。しかし、どうにかして広めたい。そこで考えたのが、レッスンで自分と同じ技術を身につけてもらい、その人たちにも教室を開いてもらうという方法だった。

▽エコ・フラワーの現在と展望

現在では、当初販売していた保存用に加工した商品に加え、飲み物を入れると中に入れた飲み物がハート型に見えるガラスコップやコーヒーカップ、ガラスのエンジェルがお花を持った幸せを運ぶエンジェルフラワーなどキュートで全国でも珍しい物も販売している。

エコ・フラワーの商品

また、金丸さんは、記念の花をお客さま自身が加工できればより一層思い入れが強くなるだろうと考え、加工のお手伝いも行っている。材料ややり方などの面はサポートしながらも、お客さま自身の手で作品を完成させる。つまり、最終的な作業はお客さま自身にやってもらおうというサービスである。

金丸さんは、日本で徐々に広まりつつあるこの技術を海外でも広めたいと考えている。そこで目をつけたのは、海外ウエディングの場として人気の高いグアム島で、ブーケを現地で長期保存用に加工できれば、素晴らしい記念となるだろうと考えたのである。

金丸さんは「これからもフラワー加工の技術を広めるために、身体が元気なうちは働き続けたい」と笑顔で語ってくれた。

そのような金丸さんに、目標に向かって前向きに取り組む力強い勇気をもらった。

個性的な経営者

屈しないプロ魂

有限会社NUTS　社長　直《なお》井《い》哲《てつ》也《や》氏

創業日：平成11年6月1日（法人設立日：平成15年4月1日）
業　種：芸能プロダクション
資本金：300万円
従業員数：5名（所属タレント約100名）
本社所在地：福岡市中央区清川1－11－9　ステイツ天神南602号

▽役者の道から企画・演出の道へ

「君たちのとこに将来俳優を目指している人がいたら、ぜひ紹介してや！」

NUTSの代表取締役の直井哲也さんはいきのいい関西弁で私たちのインタビューに応じてくれた。「ジムで体を動かして、汗を流すことが僕のストレス解消や」。こんな陽気な直井さんは、東京－福岡を飛び回り、日々未来のタレント発掘と育成事業に追われている。

NUTSは福岡の数少ない芸能プロダクションの一つであり、所属タレントは現在百名にものぼる。その中には博多座に役者として出演したり、地域情報誌の表紙を飾るタレントもいる。

直井さんは、小学生のときからすでに役者としてTVや映画、舞台などで活躍していた。高校を卒業したらすぐに役者の道に進むつもりだったが、大学は出たほうがいいという高校の先輩からの勧めで、大阪芸術大学の舞台芸術学科に進学。大学の劇団にも所属しながら役者としての勉強を重ねた。

大学在学中にはテレビ局や企画会社でアルバイトをし、テレビ業界や芸能界のことを目の当たりにした。テレビを見ているだけでは体験できない世界が、そこにはあったのだ。この経験から直井さんは企画・演出の面白さを知り、役者ではなく、企画・演出の道に進んだ。

大学を卒業して二年間はフリーでイベントや展示会の企画・演出を手がける仕事を行った。そして、実績が評価され、大阪の企画会社に引き抜かれて入社した。この企画会社ではテレビに出演するためのタレント育成も行っており、大学時代に劇団に所属し、演劇の勉強をしていた直井さんは講師として、タレント育成活動を行うことになった。

▽福岡でタレントとしての才能を開花させたい

ある日、直井さんは福岡の企業から、CM制作の企画・運営の仕事を依頼された。CMに出演させるタレントを一般オーディションで募集し、直井さんもそのオーディションの現場に立ち会った。そして、実際にオーディション参加者に接し、福岡にはタレントとしての素質のある人材がたくさんいることが分かった。

直井さんは、このように才能のある人材をどうすれば世に送り出すことができるのか、自社の利益のみを考えるようなプロダクションに入ることにより、その才能をつぶしてしまうような現状をどうすれば回避することができるのか、真剣に模索してみた。

そこで直井さんは、福岡の地で芸能プロダクションを設立すれば、自らの手で芸能界を夢見る人たちの才能を開花させ、全国区で活躍できるタレントを育てることも可能だと考える。そして、平成十一年の初めに「ここはいっちょうやったろかい！」と芸能プロダクションの設立を決意した。

▽共同経営による挫折

直井さんは、大阪の企画会社で仲のよかった同僚と福岡で一緒に芸能プロダクション経営を行っていこうと決めた。直井さんがＣＭの企画・制作、所属タレントの養成担当で、友人が営業・経理を担当した。

所属タレントを募集した結果、すぐに四百名もの登録者ができた。直井さんはこの中から将来、テレビやラジオで活躍する人材を育てるためにタレント育成講師を東京や大阪から招いたり、仕事を得るためにテレビ局やラジオ局に営業に行ったりした。所属タレントのために、とにかく一所懸命働いた。

しかし、一緒に事務所を設立した友人とは、事務所経営に対する考え方のずれで言い争う日々が続いた。「このままの状態で事務所を経営していてはタレントがダメになってしまう」。悩んだ末に友人と別れ、新たに事務所を立ち上げようと決心した。とてもつらい決断だった。ちょうど事務所設立から半年後のことだった。

直井さんが独立するにあたって、四百名の所属タレントに、今のまま友人の事務所に残るのか、直井さんの事務所に移るのかという選択をさせたとき、直井さんについて来たのはたった十三名だった。「あのときはしんどかったなー。共同経営の難しさを実感したわー。一緒について来てくれたタレントもたったの十三人。やるせなかったわー」。こう過去の苦い経験を回顧しながら直井さんは苦笑いした。

▽NUTSで頑張っていることを誇りに

直井さんは、また一から頑張ろうと決心した。一緒について来てくれた十三人のタレントのためにも、前よりいっそう頑張ろうという気持ちが増した。

スタッフと打ち合わせ中

新しく事務所を経営するにあたって、あることを決めた。それは事務所登録料を取らないことだ。一般的に多くの芸能プロダクションでは所属タレントから事務所登録料を徴収し、事務所の収益としている。しかし直井さんは、少しでもNUTS所属のタレントがお金をかけなくていいように、当初は登録料を取らないことにしたのだ。その代わり、直井さんは、所属タレントに競争意識、プロ意識を持つように徹底させた。

直井さんは、所属タレントの中から真剣に芸能界を目指している三十名を、さまざまな技術の修得のためレッスン場に呼ぶ。明るく陽気にインタビューに応えてくれた直井さんだが、レッスン場では鬼になるという。

「NUTSを代表してテレビやラジオ、舞台に立つんやから、しっかりやってもらわんと困る」

直井さんは、テレビや舞台に出演するタレントに本番前、「NUTSで今までやってきたことを誇りに思って、誰よりもいい仕事をしてこい！」と活を入れて送り出すそうだ。そのタレントが現場でいい仕事をすることにより、NUTSの仲間のやる気を奮い立たせ、次の仕事にもつながってほしい、直井さんはそう願っている。

▽将来に向けてのNUTS

現在、NUTSから博多座やCMに出演する人が確実に増えている。NUTSの年商は開業当初から七年で八倍に伸びた。直井さん自身、「テディくまだ」の芸名で映画やCMに出演している。

直井さんは多忙な生活を送りながらも、所属タレントが活躍することで、この業界の楽しさを実感している。直井さんには、NUTSのタレントを全国区で活躍させたいという夢がある。昨年には東京に事務所を開設し、NUTSのタレントの東京進出も果たした。直井さんは、自身の夢に一歩一歩近づいている。

成功をつかみとった経営者

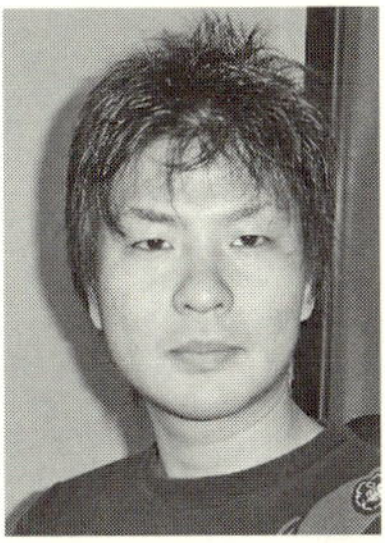

有限会社ナポレオンフィッシュ　社長　岡田崇正《おかだたかまさ》氏

創業日：平成8年12月2日（法人設立日：平成17年3月22日）
業　種：化粧品の卸売り
資本金：300万円　年商：6億円
スタッフ：2名
本社所在地：福岡市早良区祖原1－3－1301

▽経営者に見えない経営者

「常に大きな夢を持ち、どんな困難にも負けないという気合があれば、経営者として成功するはずさ」と目を輝かせながら語る岡田さんは、現在三十一歳という若さにもかかわらず、十年以上のキャリアを持つ経営者である。

ナポレオンフィッシュの事務所は、マンションの一室にある。ここは岡田さんの家であり、スタッフの人たちは打ち合わせを行うときに来る程度で、岡田さんもスタッフも普段は出張などで出回り、事務所には誰もいないことが多いそうだ。

岡田さんは、出張で提携先の店舗に出向くとき以外はスーツを着ない。岡田さん自身、普段はカジュアルな服装を心がけており、はたから見ればとても経営者に見えない。「起業してある程度稼げるようになったら、女の子にもてると思っていたけれど、思ったほどではなかった……」と笑顔で語る岡田さん。

こんな陽気な岡田さんだが、実は大学時代に病に侵され、生死にかかわる闘病生活を送った経験がある。

▽闘病生活を乗り越えて

岡田さんは東京の大学に進学し、応用物理を専攻していた。大学生活はいたってまじめで、授業にはほとんど休まずに出席し、理系の学生が履修する科目ではない経営学や経済学の授業まで進んで受講した。「あまりランクの高くない大学だったけど、何よりも勉強することが楽しかった」と語る岡田さん。

このようにまじめな岡田さんも、一歩大学の外に出ると全く違う一面を持っていた。アルバイトとして、風俗店のボーイと客引きをやっていたのだ。そこで岡田さんは給料が常に一位だったそうである。まさに勉強とアルバイトに全身全霊をかける日々だった。

そんな岡田さんを突如、病が襲う。大学一年生のときだった。街中を歩いているときに突然腰に原因不明の激痛がはしり、身動きできなくなってしまった。救急車で病院に運ばれ、ブロック注射を打たれた。このブロック注射が悲劇の引き金になった。ブロック注射に使用した針がよく消毒されておらず、その結果、岡田さんは化膿髄膜炎*という脳の髄膜下腔に炎症が生じる病にかかってしまったのだ。これにより岡田さんは連日四十度にも及ぶ高熱に侵され、医師からは「治療のしようがないから、助からない」とまで言われた。

それでも苦しい闘病生活を乗り越え、病を完治させた。岡田さんは約半年に及ぶ闘病生活の中で、どんな困難にも動じない精神を身につけたと言う。

▽大学を中退し起業へ

闘病生活を乗り越えた岡田さんは、またいつも通りの大学生活を送っていた。大学三年生になり、将来の進路について考えていたときのことだ。福岡から一緒に上京してきていた友人の父親の関係で、現在の仕事をやるきっかけになった。小さい頃から金持ちになりたいという夢があった岡田さんは、この業種に特に興味があったわけではなかったが、ノリと勢いで起業することを決意。卒業を待ちきれず、大学四年生になる前に大学を中退し、福岡の実家で個人事業を営むことにした。

「あと一年で卒業なのに、大学を中退するって言ったら父親から叱られると思ったのだけれど、叱られなかった。母親からは『あんたが大学三年生まで行くなんて思わなかった』と言われたよ。会社を設立するお金がなかったから、実家の中に事務所を設けたけど、先が見えずに不安な日々が続いたなー」、岡田さんはこう過去のことを回顧する。

▽起業当初

岡田さんは素人の経営者ながらも、利益を上げるために一所懸命働いた。自身の会社で取り扱っている化粧品を販売してもらう提携先を見つけるために、営業活動を行った。友人の紹介もあり提携先を見つけるのには苦労しなかった。しかし、販売に協力してくれるほとんどの提携先には、化粧品販売のノウハウが全くなかったため、岡田さんは全国各地を飛び回り、このような提携先に販売指導を行った。

岡田さんは同じ化粧品の卸売りで成功している経営者のセミナーなどに参加し、販売ノウハウを身に付けたのだが、いざ自分自身が販売指導のために全国各地を回ると、相当な時間と手間がかかった。しかも、提携先が全国各地にできたために、起業して間もない頃は出張費を捻出できず、泣く泣く愛車のパーツを売って資金にあてたこともあった。

ふと周りを見渡せば、大学の同級生は残りの学生生活をエンジョイしている。汗だくになりながら全国各地を回っている自身の生活と比較したとき、同級生の生活をうらやましく感じた。

ナポレオンフィッシュの商品

▽友人の存在

事務所を立ちあげて五カ月ほど経った頃、岡田さんの中学時代の友人が経営に加わることになった。「俺とはタイプが全然違う。俺がマネージャー・タイプとしたら、彼はプレイヤー・タイプ」というこの友人には、ビジネスのアイディアを生み出す力と行動力があった。そして、明るく周りを巻き込んでやる気のある雰囲気作りをする力を兼ね備えており、岡田さんに大いに刺激を受けた。岡田さんは、この友人の発想力、行動力、明るい性格から事務所を経営していくうえで大切な多くのことを学んだ。

この友人は岡田さんの事業が軌道に乗ったところで独立し、現在、化粧品の卸売り事業を行っている。今でも時々この友人とコンタクトをとり、お酒を飲みながら朝方までお互いのビジネスの現状について語り合うそうだ。「コイツとはよき親友であり、よきライバルですね」と笑いながら語った。岡田さんとこの友人は、今でも切磋琢磨し合っている。

▽成功の秘訣

岡田さんは、平成十七年に会社を法人化した。個人企業として創業してから十年目であった。創業当初は慣れない販売指導などで苦労したが、現在化粧品の売上げはとても好調で、創業当初と比較すれば売上げが六十倍にも拡大している。平成十八年時点で、ナポレオンフィッシュの提携先は全国に約三百あり、提携先から売上げの約一〇%を利益として得ているという。

このように次々と提携先を開拓できるのは、岡田さんが化粧品を売ってくれる人への先入観を持たないためだ。岡田さんと同じように化粧品の卸しを行っているところは、化粧品を売ってくれる人を女性に絞っている場合が多い。これは、化粧品のことは女性が一番分かっているから女性に売らせたほうがいい、という考えがあるからだ。

しかし、岡田さんは、化粧品販売に男女どちらが適切かという先入観を持たず、自分たちに協力してくれるのであれば誰であっても提携を結ぶのである。化粧品販売に必要なのは販売ノウハウだけだ、と岡田さんは考えている。

岡田さんは周りからはよく、起業してすぐに成功した運のいいやつと思われるそうだ。しかし、このような成功を収めた背景には、闘病生活により強い精神力を身につけ、今もなお人並み以上に努力を積み重ねていることを見逃してはならない。

そんな岡田さんはどんなに忙しいときも気分転換を忘れない。ダイビングが趣味で、週に一度は遠くの海に行く。岡田さんはナポレオンフィッシュという魚が好きであり、そのまま社名にしたそうだ。遊び心を持ちながら、一所懸命に仕事に頑張る岡田さんは、とても輝いている。

＊ 化膿髄膜炎：髄膜炎とは脳や脊髄の表面をおおっている髄膜がウイルス、細菌、真菌などに感染し、急性の炎症が起こす病。無菌性髄膜炎と化膿髄膜炎の二種類があり、化膿性髄膜炎は死亡率も高く、後遺症も二〇～三〇％にみられる。

ポジティブ社長の組織創り

エイエス九州有限会社　社長　前田雅史《まえだまさし》氏

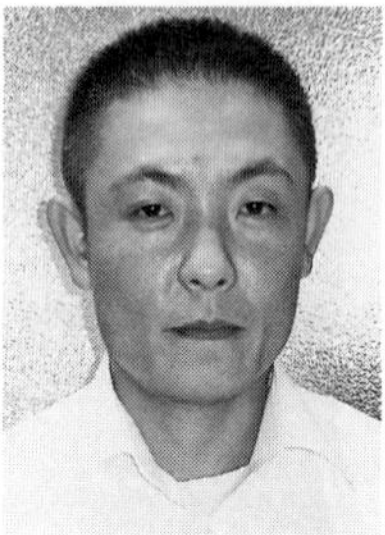

創業日：平成11年9月15日（法人設立日：平成14年11月1日）
業　種：清掃業、人材派遣、空調などの管理
従業員数：正社員5名、パート20名
本社所在地：大野城市仲畑3－10－15

▽明るい掛け声

「福大の学生さんだよね。早かったね」

エイエス九州の前で前田雅史さんから明るく声をかけられた。この日私たちは、約束していたインタビューの時間より一時間も早く前田さんの会社の前に到着してしまい、これから一時間どうやって時間を潰そうかと迷っていた。

そのような私たちの前に前田さんは現れ、自己紹介をする間もなく話しかけてこられた。

そして前田さんは「何でも早いほうがいい。早いのに問題ないよ。さあインタビューを始めようか」とおっしゃってくださった。「なんてポジティブな方なんだ」と私たちは思った。

前田さんは平成十九年で三十七歳になる。起業しようと思うようになったのは二十二歳のときだ。その頃、前田さんはどうしたら一番自分らしく生きていけるかと真剣に考えたという。そこで前田さんは、過去で一番輝いていた頃のことを振り返ってみた。それは、学生時代に部活やサークルでキャプテンを務めていたときのことだった。そのときのことを思い出し、将来自分で組織を創り動かしていく人間になろうと思ったという。資金も技術も仲間も何もなかったが、「とにかくやってみよう」と思ったそうである。そうしてできたのが現在のエイエス九州という会社である。

▽起業まで

前田さんは起業を思い立ったが、世の中のことをもっと知る必要があると考えた。そのため、大学を卒業してまずシャッターを販売する会社に就職し、営業の仕事を勤めた。営業の仕事は誰にも負けないというまでに努力し、実際に成績も残した。そして、就職してから五年後に「二十二歳のときの夢を実現するのなら今だ」と思い、その会社を辞めた。

このとき、前田さんは清掃業で独立しようと考えていた。前田さんは「売るものは何でもいい。大切なのはどのような組織を創れるかだ」と思っていた。しかし、金無い、コネ無い、技術無いという何も無い状況だった。そこで、まずは技術を身につけなくてはと考え、建築会社が募集していた清掃のアルバイトを通して技術を学びとろうと思った。

アルバイトの面接では、「会社を辞めたので、次に就職する会社を見つけるまでのつなぎとしてアルバイトをしたい」と偽った。その結果、アルバイトの面接に合格できた。しかし、面接に合格した次の日のことだ。前田さんはアルバイト先の建築会社の社長から呼び出され、社長はこう切り出した。「君、現場の仕事ではなくて、うちの会社の正社員にならないか」。前田さんが驚いたのは無理もない。おそらく、起業しようとする前田さんの仕事に対する前向きな姿勢が、知らぬ間に現れていたのだろう。その姿を見た建築会社の社長が、前田さんをかったのかも知れない。

しかし、アルバイトをしようと思った本当の理由は、起業に必要な技術を学びとるためである。だから、正社員になるわけにはいかなかった。

こうなっては仕方がなかった。前田さんが「つなぎとしてのアルバイトをしたい」というのは嘘で、この会社で技術を学びとるために来たのであって正社員になる気はない、ということを告げた。そして、アルバイトをあきらめることまで述べた。このことを聞いていた建築会社の社長は、しばらく考えていた。前田さんはこのまま終わりだろうと考えていた。しかし、社長は思わぬことを告げた。「いいよ、うちで技術を全部教えてあげるよ」。それは、思いがけない幸運であった。前田さんの前向きな姿勢が社長の気持ちを動かしたのだろう。

それから二カ月間は、この建築会社でアルバイトをしながら、みっちりと清掃の技術を身につけることができた。

▽恩人との再会

そして前田さんは起業した。当たり前かもしれないが、いくら営業をしてもお客が見つからず苦しい時期があった。その状態が何カ月か続いた。このときの月の売り上げは奥さんと二人で二万円ほどだったという。

そんなとき、一人の人物が前田さんのもとを訪れた。この人物が当時の前田さんに救いの手を差し伸べてくれたのである。その人物は、清掃の技術を教えてくれた建築会社の社長であった。そして、こう話し出した。「今のままじゃ生活も苦しいだろう？　私の会社の清掃部を営業権、人事を含めて買わないか」。とてもありがたい申し出だった。このおかげで前田さんの組織は、現在のように大きくなるきっかけができた。もし、この社長との出会いがなかったら、今も前田さんは奥さんと二人で細々と会社を運営していたかも知れない。

建築会社の社長の紹介で、定期的な仕事も得ることができた。その仕事は飲み屋の近くの駐車場の管理だ。しかし同時に、毎日が仕事に追われるようになった。飲み屋の近くの駐車場だから、毎晩汚れる。それを毎日きれいに清掃しなければいけない。

前田さんと奥さんは二人で、来る日も来る日も汚物の処理をした。そんなことをしている自分たちが非常に恥ずかしく、悔しく、そして惨めに感じた。だが、挫けそうになったとき、前田さんは自分自身に「だけん何や！」と言い聞かせた。前田さんが起業したきっかけは、自分の組織を創りたかったからである。何をするのか、どんな格好をするのかは問題ではない。そのように改めて思い直していたのだ。

この仕事は本当に、一年間ほぼ毎日やることになった。前田さんがこの仕事を休んだのは、奥さんとの結婚式とその次の日、その二日間だけであった。そして、仕事が安定するまで何年か続けた。もちろん、この業務を続けていくためには、奥さんの助けがあったことは言うまでもない。

▽社員とのつながりの難しさ

前田さんは、組織運営の中で一番難しいことは社員の教育だという。清掃業のアルバイトを募集すると、たくさんの人が面接に来る。しかし、その面接には、将来に対して希望がない人や、対人関係に問題がある人が来ることがしばしばあるという。

前田さんはそういう人を一所懸命育てようとする。その姿勢に対して、その人たちもどんどん希望を持つようになってくるそうだ。そして、新たな希望を持って飛び立ってしまうことの繰り返しだという。

窓清掃の仕事風景

▽ある一人の社員の独立

あるとき、一人の社員が会社を辞めたいと言ってきた。この社員はもともと引きこもりでアルバイトだったが、エイエス九州で前田さんと仕事をしていくうちに打ち解けた。そして、やがて社員となり、前田さんとともに会社で責任のある仕事を担っていた。その社員が急に会社を辞めたいと言い出したのだ。理由は「自分で起業したいから」。

前田さんは複雑な心境であった。今まで引きこもっていた人間が自分とともに会社で働いていくうちに、起業したいと言うまで前向きになったことはとても嬉しかった。しかし、その社員に会社を辞めてほしくなかった。

実は、過去を振り返ると、前田さん自身もシャッターの会社を辞めるときに強く引き止められたことがある。前田さんは一度思い直して会社に残り、今まで以上に努力して業績を残した。しかし、起業したいと思っていた前田さんは、結局その会社を辞めた。同じような状況が、このとき起こっていた。前田さんもこの社員を何度も説得して引きとめようとした。だが、最終的にこの社員はエイエス九州を飛び立った。

確かに、人が希望を持つようになること自体は、前田さん自身も嬉しい。しかし、このときに前田さんは「うちの会社の存在意義は何だろう」と悩んだという。

▽理想の組織

インタビューを通して、前田さんはポジティブ思考であると同時にとても人を大切にする方であると感じた。前田さんは常に組織においても、社長と社員の溝を少なくしていけるように心がけ、隠し事もしないようにしていると言う。その前田さんの気持ちに応じて、社員一人一人も心を開いていくのだろう。それでも、やはり社長という立場として埋め切れない溝は残ると言うが、前田さんと社員の方々との間にはとても円滑な人間関係ができていると感じられた。

前向きに努力している前田さんは、現在の組織を創りながら多くの人を巻き込み、それらの人に助けられながらも組織を運営してきた。前田さんはこれからも多くの人と関わり、人を育て、それらの仲間とともに組織の存在意義を確立させ、理想の組織を創っていくだろう。

自衛官から税理士へ

市来道啓税理士事務所　市来道啓《いちきみちひろ》氏

設立日：平成12年11月1日
業　種：税理士
売上高：3200万円
従業員数：2名
所在地：宗像市土穴1－2－21　徳ビル202号

▽未知の社会への挑戦

市来さんは、自衛隊員から税理士に転身した異色の経歴の持ち主である。

高校卒業後、防衛大学に進学した。防衛大学というと、軍事についての理論や実習だけを学ぶ専門大学のようなイメージがあるが、実際は一般大学と同様、法律や経済などさまざまな科目を勉強できるそうである。しかも、国防を担う士官候補生たちを教育する機関なので、一流の教授陣が集められていて授業もおもしろく、学内はアカデミックな雰囲気だったそうだ。市来さんは、特に経済学や法学が好きで、経営学の中の組織論で、超優良企業の組織構成と軍隊の官僚組織の比較分析などを研究していた。原因を分析し問題意識をもって取り組む姿勢が身につき、その後、仕事をするときにも役立っているそうである。

卒業後、市来さんは陸上自衛隊に入隊した。情報部隊での任務やレンジャー部隊の教官を務めるなどして六年が過ぎた頃、転機を迎えることになる。どのような社会に入っても、五年位経つと、夢中で走ってきた自分をハタと振り返るものだ。自分はこの仕事に満足しているだろうか、将来、どんなふうにやっていけるだろうか、そして自分の人生は……？

国防という仕事は遣り甲斐があるし、自衛隊に特に不満があったわけではない。だが、このままでよいのだろうか、もっと違う世界があるのではないかと、市来さんも思うようになった。自衛隊は公務員でしかも特殊な職業であり、一般の経済社会とは全く違っている。また、市来さんの所属した陸上自衛隊は、演習においても、航空自衛隊の戦闘機のパイロットのように個別の数値目標や結果がはっきりした任務ではない。自分が頑張った成果が表に見えてこないので、達成感や満足感を実感しにくい面があった。

「自衛隊以外の社会とはどんなものなのか、一般社会で自分の力はどのくらい通用するのか試してみたい！」

しかし、企業に就職した同級生とは、その時点で既に六年のギャップがあった。これから会社に入っても、六年の経験の差は埋められない。就職ではなく独立して自分でできる仕事、スペシャリストでなければダメだと考えた。そこで資格が必要な職業、そして数字が出て結果の評価ができる仕事に就きたいと思った。やったことを評価し、反省し、それをフィードバックできる仕事をしたい。

たまたま税理士事務所で働く友人から話を聞く機会もあり、税理士になろうと決めた。実際、自衛隊時代は、ビジネス社会の各種の職業がいったいどのような仕事なのか、想像もつかなかったのである。

▽試験合格までの「地獄!? の五年間」

平成六年三月に自衛官を退官して、北九州市の税理士事務所に就職。このときから、本人言うところの「地獄の五年間」が始まった。挑戦のスタートである。

税理士事務所に勤めることで実際の業務が分かるし、一般社会のビジネス慣習なども知ることができる。働きながら税理士合格をめざすことにしたが、試験勉強は簿記の初歩から始めなければならないし、給料は自衛隊時代の半分以下、今までとは全く違う事務仕事の要領も覚えなければならない……と、精神的・経済的の両面で大変だったそうだ。

試験は簿記のほか財務諸表論、法人税法など五科目で、途中二年間は仕事を辞めて簿記の

事務所風景と趣味のボクシングに汗を流す市来さん

専門学校に通い、勉強に専念した。しっかりと目標を定めて試験勉強に臨んだ市来さんだったが、この時期は毎日勉強づけで、職に就いてない不安や焦りもあり、一番苦しかったそうである。しかも、実際に税理士事務所で働いてみると、能動的な前職とは異なり経理のルーティンワークは単調な仕事も多く、イメージしていたものとは違う。試験に合格してもこの道でやっていけるのだろうかと、不安に思うこともあった。しかし、妻子もいて自衛隊も辞めてしまって、もはや背水の陣、前進あるのみだった。

五年後の平成十一年四月、税理士試験に合格し、さらにこの事務所に二年間勤めた。当初から三十五歳頃までに独立開業というおおよそのプランをたてていたが、計画通り三十五歳で事務所を辞めて、ついに独立を果たした。

▽税理士事務所の開業に強い味方

税理士の仕事は、最低限、パソコンとプリンターがあればできる。とはいうものの、事務所を構えるとなれば、部屋を借りたり、什器《じゅうき》を揃えたりと費用はかかる。そこに頼りになる味方があった。

市来さんは税理士試験に合格したとき、公認会計士・税理士の全国的ネットワークであるTKC全国会の会員になった。この会は、「租税正義の実現」という高い理念を持ってクライアント（依頼主）のために業務遂行にあたることを旨とする。ここに、開業にあたって独立資金を融資してくれる制度があったのだ。原資は会員の出資で、無担保、無保証、金利はやや高いが返済期間が十年という非常にありがたい制度で、ここから開業資金を借り入れた。

こうして平成十二年の十一月、鹿児島本線赤間駅近くに開業した。しかし、なかなかお客さんが来ない。会社の経営者側としては自社の財政状態をすべて開示するので、やはり開業したばかりの市来さんに、そんなに簡単に仕事は来ない。勤めていた税理士事務所が紹介してくれたり、異業種交流会などに参加したりして、少しずつ仕事が広がっていった。が、初めの頃は収益が月十万円あったかどうか……独立して一、二年はやはり大変だったと、市来さんは当時を振り返る。

「経済的には苦しかったんですが、でも希望に満ちあふれていましたね」と、このあたりが市来さんらしい。奥さまの支えもあってその時期を乗り越え、二、三年経つうちに人脈も広がり、仕事の成果も出て信頼を得られるようになってきた。六年が過ぎた今、この仕事を成し遂げたい、この仕事で充実感を得たいと思えるようになったそうだ。

起業に必要なことは、資金計画と、お客さんをどのように獲得するかを考えておくことの二つということだ。市来さんが税理士を選んだ理由の一つには、開業に比較的お金がかからない職業、ということもあったそうだ。顧客の獲得については、市来さんは税理士資格を取得後、毎週土日はランチェスター経営の勉強会に通って他の経営者の意見を聞いたり、異業種交流会にも参加して勉強を重ねた。経営の基本として、「中小企業の場合、顧客の獲得にはやはり地道なことを継続することが大切」と話す。

▽大学そして自衛隊で培われた精神力

新しい世界への挑戦は、心ときめくものがある。しかし市来さんの場合、起業の前にまず受験勉強をして、税理士試験に合格しなければならなかった。仕事は辞めているので、後戻りはできない。このような状況の中で焦燥感はなかったのかと尋ねると、「それは大変でしたよ。特に専門学校時代、無職で受験勉強だけしていた二年間はもう限界ギリギリでしたね」と淡々と語った。合格までの五年間は長い。市来さんのこの精神力の強さはどこから来ているのだろうか。

市来さんは大学時代、少林寺拳法部だったが、ここは「防衛大学一の厳しさ」と定評がある。「いやぁ、ほんとにキツイ所でしたよ」と、懐かしそうに当時を語る顔が明るい。三段の有段者で、全国大会で優勝もしている。この部での修練を耐え抜いた経験は、大きな自信になっているに違いない。また、いざというときに日本を守る人材を育てる防衛大学は、やはり精神を鍛えてくれる所のようだ。全寮制の生活の秩序も厳しい。毎日就寝前に「五省」といって、今日一日の言動に恥じることはないか、気力を充実して物事にあたっていたかなど、五つの視点から自分を振り返る。人生の指針となる考え方をしっかり身につけ、日々の生活の中で強い精神力が培われるようだ。

入隊後は、規律や上下関係がさらに厳しい。国を守るという自覚と使命感のもとに職務を遂行するわけで、たいへん厳格な人間像が浮かんでくるが、市来さんはそのベースに、生来の明るくポジティブな性格が見受けられる。だからこそ、未知の領域に飛び込み、猛勉強して資格を取得し、独立してここまでやってこられたのだろう。

市来さんの座右の銘は「人間の価値は困難なときに試される」。困難なときにこそ一歩前に踏み出せる人間になりたいと語る市来さんは、この座右の銘や信条を事務所に貼っている。寮生活のときの心を忘れないでいたいと、「五省」の五つの戒めの言葉もいつも見えるところにある。社会に出て長い年月が経つと、だんだんと自分の軸がぶれてしまうが、市来さんは今も学生時代と同じく自分を正しく律している人なのである。飾らない笑顔の奥に、自分自身ときちんと向き合う強さが秘められている。

▽「この仕事で自分を高めていきたい」

「会計の世界は深い。ここまでやれば良し、というのがないんです」

開業して六年、市来さんは仕事についてこう話す。税理士の仕事で大切なのは、納税という企業の社会的責任を理解してもらい、そのうえで個々の顧客企業のニーズに沿って、喜んでもらえるサービスを提供することである。今は、サービスを確立していく途上にあると、市来さんは現状分析している。

この仕事は顧客が年々増えるというような仕事ではなく、価値観や考え方が同じ経営者と長く深く仕事をしていきたいと考えている。人と接する仕事なので、人間性を磨いていくことも大切だと感じている。実務面では、税理士試験になかった民法や商法の知識が必要な場合があり、もう一度、大学で体系だって勉強したいと思うことがあるそうだ。仕事の質を高め視野を広げるためにも、社会人が大学で学べる機会をもっと作ってもらいたいと望む人は多いだろう。

市来さんは自衛隊時代を懐かしく思うことがあるそうだ。「やはり自分のルーツですから……」。そして税理士の道を歩む今、「自分が選んだこの仕事をやり遂げたい、この仕事で自分を高めていきたい」と語る。自衛隊員から税理士へ、仕事の性質としては〝動〟から

〝静〟への転身だが、仕事が変わっても市来さんの志の高さは変わらない。「仕事＝人生です」、市来さんはこういう言葉をすがすがしく言える人である。

経営から勘違いをなくす

株式会社アーヴァン　社長　綾戸《あやと》一由《かずゆき》氏

創業日：平成5年6月10日（法人設立日：同日）
業　種：作業用レインコート、作業用シューズの製造・卸
資本金：1000万円　年商：9億2800万円
従業員数：正社員13名、パート10名
本社所在地：福岡市南区弥永5－18－8

▽アーヴァンという会社

綾戸さんと初めて会ったとき、飾らず、とても真面目な社長であるという印象を受けた。それは、社長との会話や服装、会社の内装などから感じとることができた。そんな社長とのインタビューの中で、印象に残る言葉があった。それは、「経営の勘違いを会社に持ち込まないように心掛けている」という言葉だ。綾戸さんによると、間違ったことでも繰り返していると、それが正しいように思えてくる。そして、一回正しいと思い込んでしまうと抜け出

せなくなり、やめられなくなる。それが経営に関する勘違いを生むというのだ。

また、勘違いになってしまうことの多くは、世間で当たり前のことだと思われがちだ。だから、世間で当たり前になっていることでも、本当にそれが正しいことなのかを吟味する必要がある。それと同時に、勘違いの無い正しいことを実行しなければいけない。

綾戸さんは、その本当の意味での当たり前のことを当たり前に達成できるように努力し続けてきた。アーヴァンは、今年で起業して十四年目になる企業で、業務用レインコートと業務用シューズを日本で企画、中国の工場で製造し、日本に輸入して全国で卸売りをしている。

▽経営者になりたいわけではなかった

起業する以前は福岡銀行に勤めていた綾戸さん。定年前の五十四歳で銀行を辞めて、弟さんの経営するシューズの卸売り会社に役員として入社した。しかし、綾戸さんが入社してから約一年後の平成五年一月末、この会社が倒産したのである。

このとき、綾戸さんは社会保険にも失業保険にも入っておらず、生活の保障が全くなくなってしまった。また、生活のために再就職する道も考えたが、かつて役員として企業の重責を担っていた綾戸さんを一般社員として雇用するという企業は見つからなかった。

そこで、会社が倒産してから六カ月後の六月十日に、綾戸さんは生活のために以前のシューズ卸売り会社を軸に新しく起業することにした。シューズ卸先は以前と同じホームセンターとし、さらに業務用レインコートも卸売りの商品として加え、再生を計った。

その会社が、現在のアーヴァンである。どちらかと言えば、起業が目的であったというより、起業せざるを得ないという状況であった。

▽徹底的な軽装備経営

会社の倒産を目の当たりにしたことが、綾戸さんの経営の考え方に影響を与えた。倒産した会社の役員だった自分が赤字を出してしまったら、顧客の信用は得られないと考えるようになったのだ。実際はどんな会社においても、赤字を出すことは問題である。しかし、多くの会社赤字は仕方がないと考えることが多い。それが、経営の中の勘違いの一つだ。

赤字が出るのは会社の運営方法のどこかに問題が生じているからだ。最初から赤字の出ない計画で会社を運営していくべきである。そう考えた綾戸さんは、会社経営において「徹底的な軽装備の経営」を実践している。

例えば、アーヴァンの会社設備は徹底的に経費を低く抑えている。会社にある机や椅子などは、中古品を無料で集めたものだ。また、会社の車もすべて中古で揃えた。新車は現在まで一台も購入していない。

さらに、雇用も軽装備を貫き、現在まで事務員は雇っていない。事務の業務は社長が兼任している。固定資産もお金をかけすぎないように気を配っている。これらの努力の結果、起業して十四年目になるアーヴァンは、今まで一度も赤字を出したことがない。

▽仕入れができない

当たり前かもしれないが、アーヴァンも起業してすぐ、会社に現金はほとんど無かった。しかし、輸入をする会社ゆえ、問題が生じた。

海外の会社と貿易をするときは、輸入する側の会社が銀行を仲介として先に現金を支払い、LC（信用状）を得る必要があった。アーヴァンは日本の会社であり、商品を輸入する側であった。だから、銀行にお金を振り込み、LCを得なければならなかった。しかし、商品を販売する前だったので、会社にそれだけの現金が無かった。このままでは、商品を仕入れることができない。

このときは、輸出側である台湾にある会社の好意によって、輸出側の会社が一時的に輸入側の代わりにLCの料金を出し代えてくれたのだ。アーヴァンは、その商品を日本で販売した後にLCの料金を製造工場に支払うというやり方を四～五年の間は続けざるを得なかった。

以前の会社が倒産するときには、日本の取引先にはたいして迷惑をかけていなかったので、

アーヴァンの商品の一部

商品を買ってくれるという状況が整っていたのが幸いした。おかげで、会社を建て直していくまでに時間はさほどかからなかった。海外からの支援と、以前からの取引先の存在が現在のアーヴァンを支えているのである。

▽人間関係を築く営業

アーヴァンの営業の仕方は、少し変わっている。営業担当者がその場ですぐに商品を売ろうとはしないのだ。単発で高く買ってもらうのではなく、長く買ってもらえるよう、取引先と信頼関係を築くことを大切にしている。そのために、取引先の望んでいるものを提供できるように、相手が納得のいくまで話し合いを行い、実際の契約は、後日にＦＡＸなどで返事をもらうようにしている。

それから、会社の方針として、集金と配達は自社で行わない。配達はすべてアウトソーシングでコスト削減。集金については、取引先から銀行へ振り込んでもらうことで、集金の時間や労力をカットしている。それに、営業の社員が直接現金を取り扱うことがないので、不正や紛失など不明瞭な事柄が避けられる。

▽四百万円の変動

アーヴァンは商品の仕入れの大半を輸入しているので、為替相場の変動のリスクを受ける。為替相場が一円安くなったり高くなったりするだけで、仕入れ原価に約四百万円の差が出て来るそうである。それは、場合によってはそれだけ余計に儲かるわけだが、逆の場合はそれだけ損をする。資本力の強い大企業なら耐えられても、資本力の弱い中小企業にはその変動が大打撃となる。安定した経営をしていくためには、この問題を解決しなければならない。

そこで綾戸さんは、付加価値を付けた商品作りに取り組んでいる。なぜなら、商品の付加価値が上がれば、それだけ一つ一つの商品における粗利益が大きくなり、為替相場の変動による負担が軽減されるようになるからである。そのために、どんな小さいことでも前向きに改善していく姿勢を貫いている。

▽永久の継続

「アーヴァンという会社を永久に継続していきたい」

これは、綾戸さんの語ってくれた言葉だ。この言葉は一見すると当たり前のことのように思える。綾戸さんの考えによると、ここにも経営における勘違いが存在する。

確かに、会社を潰すために会社を経営している社長はいないはずである。それでも、多数の会社が毎日のように倒産の憂き目を見ている。それは、何もしなくても自然に会社が継続できていくことを「当たり前」だと思う経営者が多いからではないだろうか。それは、大きな勘違いだ。意識的に会社を永く継続していくためには、欲を出して無理なことに手を出してはいけない。それに、同じことだけをずっと続けていればよいわけでもない。現代社会の状況、お客のニーズなどを観察し、臨機応変に、なおかつ着実に運営し続けていかなければならない。

当たり前のことを当たり前に達成させていくということは、想像以上に難しい。綾戸さんは会社を継続していくことを当たり前のことだと思わず、謙虚に、しっかりと一歩ずつ会社を成長させようと経営に取り組んでいる。

綾戸さんの経営に真面目に取り組んでいる姿を見て、私はこのような方の下で働いてみたいと思った。

心の広告人

有限会社ビー・ウエイブ　代表取締役　藤《ふじ》井《い》伸《のぶ》亮《あき》氏

創業日：平成13年7月26日（法人設立日：平成13年7月）
業　種：総合広告代理業、店舗の企画デザイン、メディカルサポート事業
資本金：300万円　年商：1億1000万円（平成19年3月期）
従業員数：3名
本社所在地：福岡市博多区須崎町12―8　レインズビル3階

▽働かなければ

有限会社ビー・ウエイブの代表取締役である藤井さんは、「何でもやってみよう！」、「ピンときたら動こう！」、「分からないことは分かる人に聞けばいい」というチャレンジ精神で、さまざまな分野で仕事をしている。マンションや一戸建、携帯電話、宝石や時計、会社案内のパンフレットなどの宣伝やチラシ制作の他に、モデルルームのデザイン、ロゴマークの作成、飲食店の内装工事、医院開業コンサルタントなど、実に幅広い業務を手がけている。

藤井さんは高校卒業後、大学受験に失敗して三浪した。このままではいけない、働かなければならないと思うようになり、大学進学をあきらめたものの、自分が何をしたいのか分からなかった。その頃、世の中では広告、CMなどのマスコミ業が人気を集めていた。CMのスタイリストやコーディネーターの仕事をするお姉さんに影響を受け、「広告やCMって格好いい。自分もコカ・コーラのようなCMが作れたらいいなあ」と、ただ格好いいという理由で広告会社に入った。その会社では、主に西鉄バスや電車の交通広告につける看板、ポスターを売る仕事に携わった。

藤井さんは最初、社会人になって自分の手がけた仕事が新聞に掲載されたり、実際にその看板やポスターを見たとき、「これを世の中の何万人、何十万人もの人が読んでくれている。人が目にすることのできるものが作れたんだなあ」と思って感動し、涙が出るほど嬉しかったそうである。ただ格好いいという理由で広告の仕事を始めたが、仕事のおもしろさを実感し、この仕事を続けていこうと決心した。

▽独立を考える

藤井さんはこの広告会社に入社したとき、すでにあることを考えていた。それは、十年以内に独立して自分の会社を作ることである。

自分は大学に行っていない。周りの友人は一流大学に行き、大手の会社に入っていく。自分は出遅れているのではないか——。藤井さんには、いつもそういう不安があった。それにサラリーマンをこのままずっと続けていても、学歴がないからどこかで出世も止まる。自分の学生時代や浪人時代の友人が社会人になって二、三年経った姿を見ていると、みんな疲れた顔をしていた。このままサラリーマンとして仕事を続けても、将来に希望が持てないと思ったそうである。

藤井さんは、独立するために今、自分は何ができるかを常に頭において仕事をした。「会社から言われたことだけをやっていてはだめだ！ テレビCM、新聞、雑誌、インターネットなどすべての広告の仕事を理解して仕事ができなければ独立なんて無理だ」と思い、飛び込み営業をしていろいろな業種のお客さんに会っていった。そこでさまざまな経験を積み、広告事業に欠かせないノウハウを身につけた。

しかし、会社の方針に背いて自分のやりたい仕事をしていたため、よく会議室に呼ばれて怒られていたそうである。藤井さんには独立という目標があった。そのせいか、会社との間では目的や方向性、考え方が違っていき、このまま会社にいても成長できないと思い、そこを辞めた。

その後、友人の紹介で別の会社に移った。そこは、主に不動産の広告を扱っている会社であった。藤井さんはそこでたくさんの不動産会社に出入りして働いていく中で、お客さんの信頼を得るようになった。これを元に独立しようと、当時三十歳だった藤井さんは考えた。しかし、まだ独立する確かな自信がなかった。

その頃、勤めている会社が広告業と違う事業に手を出し会社の方向性が自分の目指すものとずれ始めたので、会社の先行きが怪しくなるのではないかと思った。そこでもう一度他の会社に移って勉強し、経験を積もうと思い、同僚の先輩の作った会社に移った。そこで藤井さんはある程度、広告業についてのノウハウや知識を身につけた。

ようやく独立する自信を得た藤井さんは、有限会社ビー・ウエイブを設立した。三十三歳の夏だった。

▽独立直後

独立当初、藤井さんには仕事に対する自信はあったが、それでも本当にお客さんが来てくれるのか、仕事があるのか、また会社を起こすための資金面にも不安があった。しかし、そのときに子供ができたので、家族を養っていくためにお金を稼がなければならなかった。会社の不安や心配を考える暇はなかった。

藤井さんは仕事を得るために死に物狂いで働いた。朝早くから夜遅くまでお客さんの望むようなデザインを考えたり、チラシの作成をしたりと、寝る間を惜しんで働いた。そういった藤井さんの仕事に対する真面目さや熱意がお客さんにも伝わり、仕事をもらえるようになった。独立してから二、三カ月で、ビー・ウエイブはある程度、業務の基盤が整った。

▽知人との出来事

藤井さんはある日、知人の会社が新しく店舗を出すということで、看板やロゴマークの作成を頼まれた。知人ということで口約束で仕事の依頼を受けて、仕事をしたが、いっこうに支払いがなかった。知人は会社が苦しいからもう少し待ってくれと言う。それから藤井さんは、知人から支払いがあることを信じて待っていた。しかし、どんなに待っても支払いがなかったため、藤井さんは知人と面と向かって話をした。払うお金がないと言う知人と、藤井さんは大喧嘩をしたそうである。

この出来事で藤井さんは、知人だから信頼して口約束で仕事をしたが、いくら親しき仲でも仕事は仕事で割り切って、きちんと契約をしなければいけないと改めて分かったそうである。

スタッフと

▽心の変化

藤井さんは独立してから知人の誘いで、福岡県中小企業家同友会が開いているある支部に入会し、さまざまな経営者に出会った。そして、キューサイの創業者である長谷川常雄さんが塾長をされている長谷川塾に誘われた。そこではみんな上場を目指していて、目が輝いていた。その中で藤井さんは波動の高い経営者にたくさん出会い、いい刺激を受けたそうである。

その中でも特に、「感性や心の教育」でよく知られている行徳哲男氏との出会いが藤井さんを大きく変えたそうである。行徳氏の人柄や言葉に心を動かされ、藤井さんの人生観や感性がとても高まったそうである。藤井さんは、初めはご飯が食べられるくらい稼げればいいと思っていた。しかし、同友会や長谷川塾などでいろいろな経営者と出会う中で、自分も目標に向かって何かしよう、始めようと思い、藤井さん自身も長谷川塾の仲間とともに上場を目指すようになった。

「自分は元々引っ込み思案で、人と接するのも好きじゃなかった。

でも行徳先生やいろんな人と出会う中で、少しずつ変わっていったんだ」と藤井さんは当時を振り返る。

今では積極的に交際範囲を広め、多くの分野の人々と幅広いつながりを持っている。藤井さんは、「感動という文字の通り、頭であんまり考えないで感じたらすぐ動こう！　何でも積極的に。たたかれてもいいから、目立ったほうがいい」と言う。

藤井さんは、いろいろな人と知り合うことで仕事をもらったり、紹介してもらったりと人脈が広がり、会社にもいい影響が出ていると言う。

▽遊びの大切さ

藤井さんは、いい意味で遊びの好きな社長である。例えば、スキー、スノーボード、サーフィン、ゴルフにボーリングなど、多彩な趣味を持っている。学生時代には剣道や水泳など、小さい頃から今までさまざまな遊びや経験をしてきた。会社に勤めていた頃には、会社の先輩から遊び半分で「親富孝通りで女の子をナンパしてこい！　それぐらいできないと営業なんてできないぞ！」と言われ、ほぼ毎晩ナンパをしていた。しかし、その経験のおかげで、どんな人でも物怖じしない度胸がついたそうである。

今では、そのすべての経験が生きていると語った。「スポーツでも何でも一つのことに熱中すればおのずと集中力がつき、仕事にもメリハリがつく。その集中力が社会で非常に役に立つ。遊びも運動もせずに勉強だけやってきて、社会になじめない人を何人も見てきた。だから、勉強以外に何でもいいから一つのことを一所懸命にやって、いろいろな経験をすることが大切。遊びを知っている人は、仕事もできる」というのが藤井さんの自論である。

▽時代にあったビジネスモデルを探して

「五年後か十年後かいつになるか分からないけど、早く新しいビジネスモデルを見つけて上場するのが、今後のビジョンです」。そう語ってくれた藤井さんの目は力強く、希望に満ちあふれていた。藤井さんはそのために、ビジネス塾など上場を目指して頑張っている人たちとともに、新しいビジネスモデルを探して日々勉強している。藤井さんならいつか新しいビジネスモデルを見つけ出すだろう。

起業時の実態調査プロジェクト　インタビュー結果のまとめ

近年、ベンチャービジネスに関する本や大学での講義などで「起業」ということが話題になっています。福岡大学でも七年前より「ベンチャー起業論」という講義を開講し、起業家育成に努めています。

しかし、起業実態について調査した例は今までほとんどありませんでした。唯一、国民生活金融公庫より『新規開業白書』というものが出版されています。ところが、実際に会社の起業という点に注目して実態調査を行ったという記録は、私たちの調べた限りでは、どこにもありませんでした。この『新規開業白書』では、調査対象が国民金融公庫にお金を借り入れにきた会社のみです。なので、私たちが調査した起業の実態についての情報とは異なった結果が出てしまっているのではないでしょうか。事実、私たちの調査した会社の中で、国民生活金融公庫からお金を借り入れたという会社は、ほんの一握りしか存在しませんでした。

そのような情勢の中、経営者に対し起業についてのインタビューを実施し、起業の実態を公にしようという企画が持ち上がりました。この起業に関する実態調査は今までどこの大学でも行われたことがなく、実際に実態調査したという記録はインターネット上およびあらゆる著書の中にも見つけ出すことができませんでした。私どもの活動が日本初の起業時の実態調査と言っても過言ではありません。

私たちは経営者に対し、起業についてのインタビュー調査を実施しました。インタビューの条件は以下の通りです。

・創業十二年以内（バブル崩壊後に創業した経営者が対象）
・個人企業・法人企業は問わない
・子会社は含まない
*目標インタビュー件数は百社

インタビューに参加したメンバーは計二十四名で、ベンチャー起業論の中で集まった学生で構成されています。インタビューは二、三名ずつのグループに分かれ、各々協力してアポイントが取れた会社からインタビューに行きました。

私たちの最初の苦労は、インタビューにご協力をいただける経営者を見つけることでした。合計一千通を超えるダイレクトメールを発送し、商工会議所や中小企業家同友会などの方々に紹介していただきました。おかげさまで、目標である百社インタビューを達成することができました。

インタビュー活動自体は手探りの状況でここまでやってきました。自分たちで質問事項およびアンケート項目を設定し、それに沿ってインタビューを行いました。ご協力いただける経営者にアポイントを取り、テープレコーダーを片手にインタビューに伺いました。

チームのメンバーはそれぞれ同じ質問でインタビューを行ったのですが、インタビューをするメンバーによってその質問のやり方や相手の方の受け取り方はさまざまで、思った以上にインタビューというものは難しいと考えさせられました。

インタビュー時間は平均二時間ほどいただきました。しかし、大変お忙しい方もいらして、三十分程度しか時間をいただけない場合もしばしばありました。インタビューの当日までスケジュールの分からない方も数人おられ、突然お邪魔することもありました。しかし、どの方も快くご協力いただきましたことに大変感謝しております。

インタビューの質問項目は、起業のきっかけや起業する上で苦労したこと、開業資金をどのようにして集めたかなど、学生が抱く経営に関する疑問を問うものが中心でした。これらの内容はカード法を用いて参加するメンバー全員で決めていきました。これらの質問でインタビューを行った結果、グラフ（166〜167ページ）にまとめたような傾向がありました。

初めに、私たちの調査した経営者の平均開業年齢は三五・四七歳でした。『新規開業白書』においての平均開業年齢は四一・四歳ということになっていました。

また、『新規開業白書』においては、経営者の五人に四人は事業に関連する仕事の経験があるとされていました。しかし、私たちの調査した結果はグラフ1にまとめましたが、約六割の方が今の業種においては未経験者だということが分かりました。グラフ2は、どのような業種で開業したのかということをまとめたものです。

また、グラフ3には経営者の最終学歴をまとめました。『新規開業白書』においては最終学歴は高卒、高専という結果が一番多かったのですが、私たちの調査した結果は大学卒業の方が一番多かったのです。

グラフ4では、起業するときに何らか不安があったか、という質問をしてみたところ、約七割の方が何らかの不安を持っていたということでした。意外だったのは、起業するときに何の不安もなかったという方が、全体の三割ほどいたということでした。起業するときに一番不安だったことは資金繰りでした。次に、収益が出せるのか、お客ができるのか、ということが不安だったようです。

私たちは、起業をして経営者になると、初めのうちは売上げも上がらずに、生活にも困るものだと思っていたのですが、実際に調べてみた結果がグラフ5です。半分以上の方は私生活に支障をきたすこともなく、余裕を持って生活を営んでいたことが分かります。

また、どのようにして資本金や開業資金を集めていたのでしょうか。グラフ6をご覧ください。多くの経営者は、起業するときに資本金や開業資金を自前で集めていたことが分かります。また、国民生活金融公庫や銀行などの金融機関からお金を借り入れてそれを開業資金にしたい、という方はあまりいない傾向があるようです。

グラフ7、8は、今回の実態調査にご協力をいただいた方の会社の企業形態をまとめたものです。ここでも『新規開業白書』との違いが出てきました。グラフ7は起業時の企業形態を、グラフ8は現在の企業形態をまとめています。私たちの調査では個人事業から始められた方が多くいらっしゃいました。現在では、株式会社になった企業が多いようです。

グラフ1
前の業種と同じか

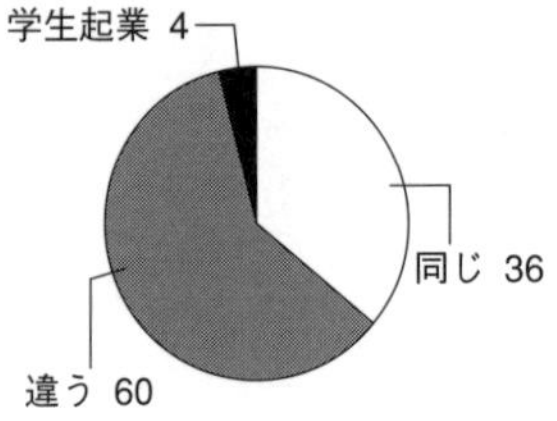

グラフ2
事業内容

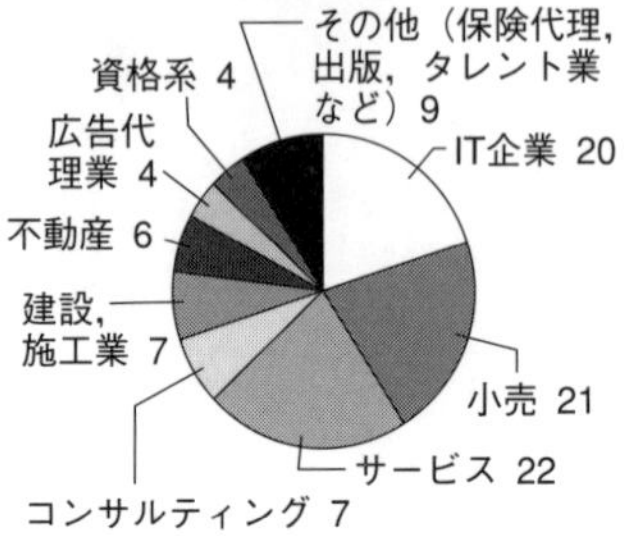

グラフ3
最終学歴

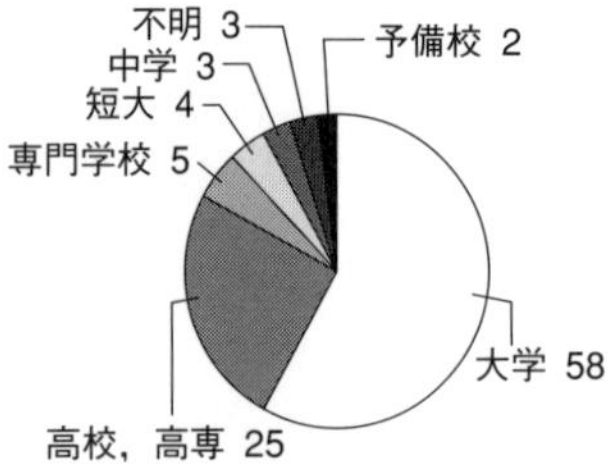

グラフ4
起業したときに不安はあったか？

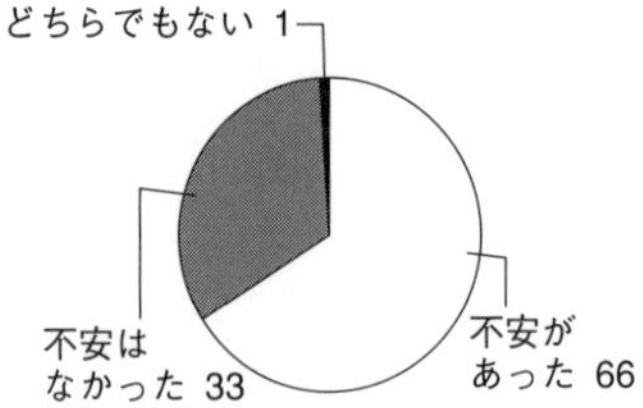

グラフ5
生活に余裕があったか

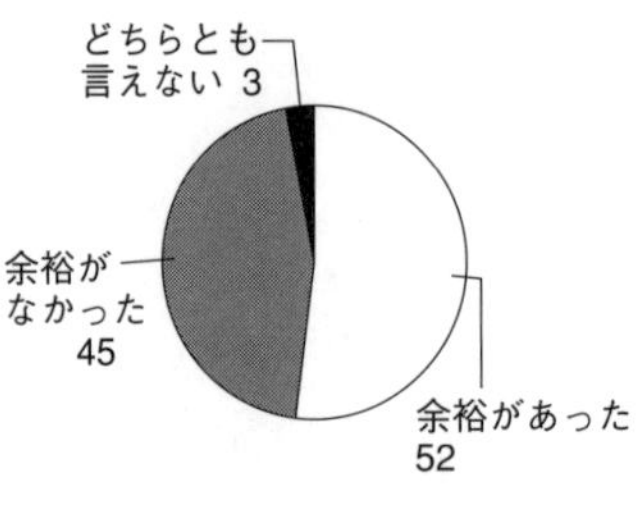

グラフ6
開業資金の集め方は？(複数回答あり)

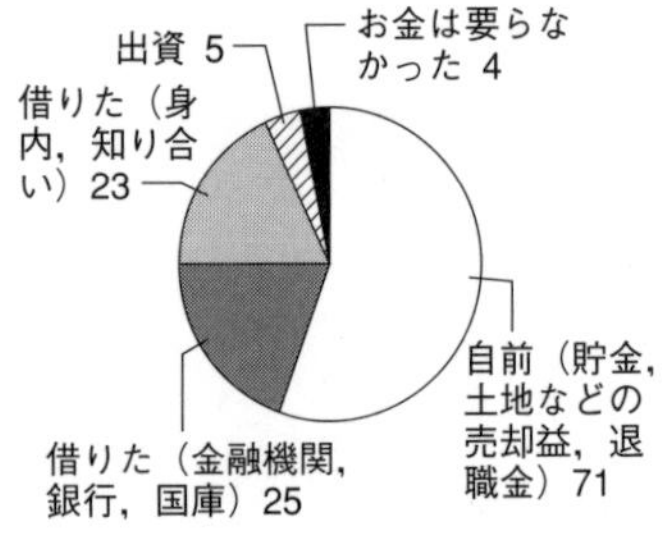

グラフ7
起業時の企業形態

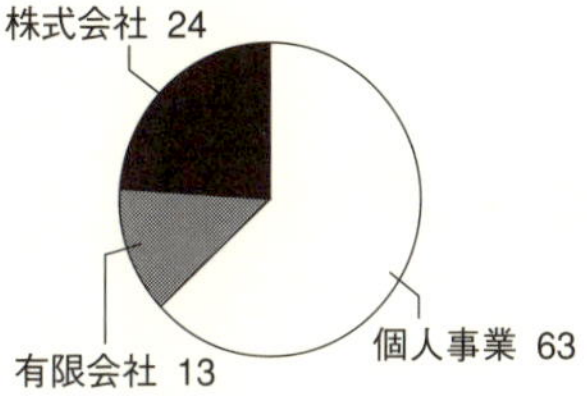

グラフ8
現在の企業形態

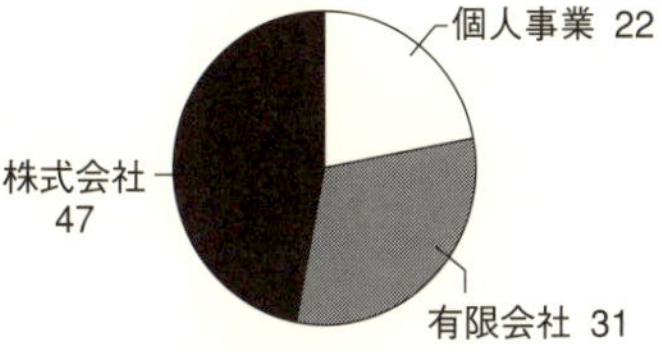

グラフ9
学校の勉強は役にたっているか

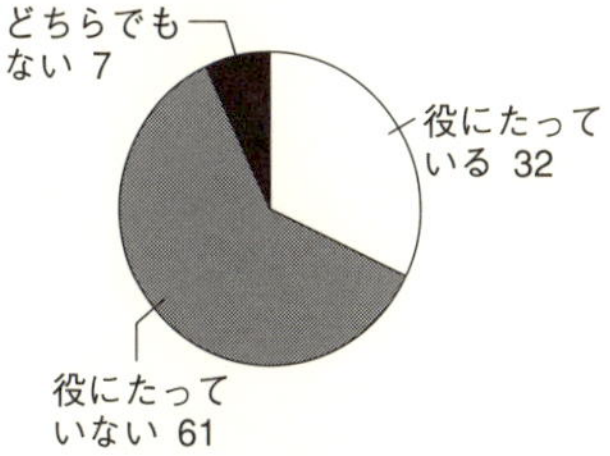

グラフ10
小さい頃から社長になりたかったか

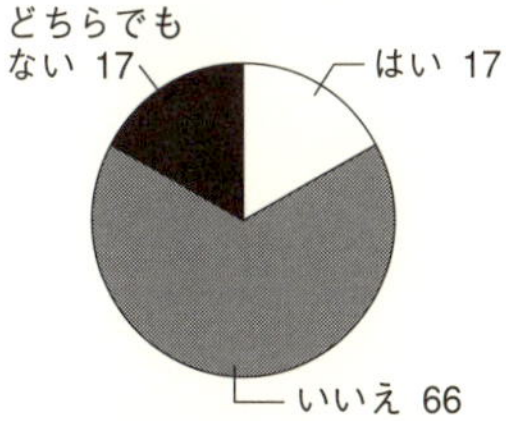

グラフ11
生まれ変わっても社長になりたいか

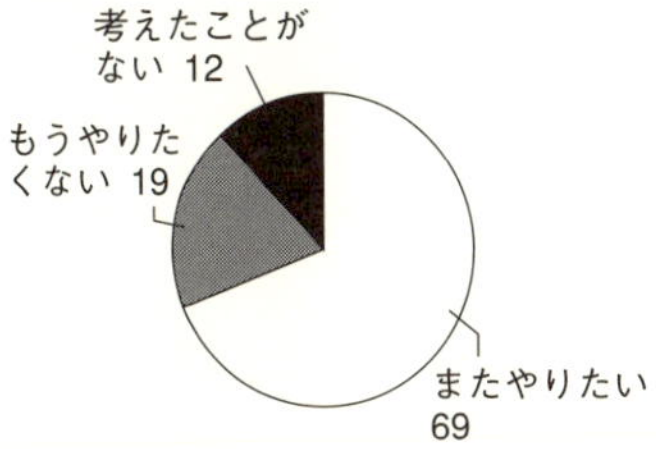

私たちは現在、大学で勉強をしています。今勉強していることが将来役に立つのかどうか、疑問を持つことがあります。では、実際に起業した方は「勉強」というものについてどのように思っていたのでしょうか。私たちの予想では、「勉強は役に立たない」という結果が多いだろうと思っていました。結果はグラフ9をご覧ください。

私たちの予想通り、実際に勉強は役に立たないと思っていらっしゃる方が六割いらっしゃいました。しかし、役に立っていると思っていらっしゃる方も三割ほどいらっしゃるので、「勉強することには意義がある」と言えるのではないでしょうか。

最後に、昔から経営者になりたいと思っていたのか、ということについて伺いました。グラフ10の通り、小さい頃から社長になりたいと思っていた方はごく少数しかいらっしゃいませんでした。しかし、グラフ11の通り、現在は、七割近くの方が生まれ変わってもまた社長になりたいと思っていらっしゃることが分かりました。社長職は一見とても大変で、忙しいものだと思っていましたが、実際にお会いして、とてもやりがいのある仕事なのだろうと感じました。

今回、私たちの調査活動にご協力いただいた経営者の方々にこの場を借りてお礼を申し上げます。ありがとうございました。

竹田プロジェクトを振り返って

活動開始

私たちの活動の始まりは、竹田陽一さん（ランチェスター経営株式会社代表取締役社長）から送られてきた一通のＦＡＸがきっかけだった。

竹田さんは福岡大学の卒業生であり、七年前から福岡大学のベンチャー起業論の講義に講師として来られている。竹田さんは講義の途中で、ビジネスプランを考える学生に真の起業実態を、データとして見せることができないかと考えこの計画を思いつかれたそうだ。

竹田さんの提案に興味を持った学生が、当時四年生の村上真一だった。村上はその日のうちに竹田さんに連絡するとともに担当の阿比留教授と会社を訪ね、自分がリーダーとなりこのプロジェクトを進めていくという強い意志を伝えた。この日が、起業時の実態調査プロジェクトの幕開けとなった。

何を聞くかを決める

まず村上がしたことは、実態調査に協力するメンバーを集めることだった。その方法は、村上自身による個人的な呼びかけと竹田さんが担当する講義のときの呼びかけが中心となった。これらの呼びかけにより、一回目の打ち合わせのときに二十三人が集まった。しかしこの二十三人の中でお互い名前を知っているのは二、三人だったため、雰囲気は堅苦しく、中には「しまった。今日、参加するのではなかったー」という顔をしていた人もいた。

ビジネスプラン・コンテストで講義をする竹田陽一さん

竹田さんは、まずプロジェクトの目的と意義を説明された。そして起業については早稲田大学をはじめとして多くの大学で講義がされており、地元の九州大学でも二年前から始まっている、しかし学生の手により起業の実態調査をした大学は一校もない、もしこれをやり遂げたら日本で初めての大学になる、負けられん、と熱っぽく話された。

そのあと、実態調査をするには質問項目を決める必要があり、これがなくては活動ができない、それに加えお互いに相手を知らない者同士が、打ち解けて話ができるようにするためにもこの作業はとても重要になると話され、実際の作業に入った。

質問項目を決めるために、まず竹田さんが「カード法」という聞きなれないやり方を説明された。そのやり方は、最初にメンバーが五～六人で四つのグループを作り、次に、インタビューする経営者に聞きたいことを、各人が一項ずつメモ紙に書き出す。この作業に一時間くらいかかった。

その後、グループ内の各人がどのような項目を書いたかを発表し合うとともに、項目を書いたメモをテーブルの上に並べる。こうすると、重なる項目がいくつも出てくる。さらにこれを整理してまとめると、みんなが聞きたいと思ったことがはっきりしてくる。

一つ一つのグループのまとめができたら、次はまとめたものの発表になる。四つのチームの代表がそれを黒板に書いていく。字が上手な人、下手な人さまざまで、とてもおもしろい。大きな黒板はインタビューしたい項目でビッシリと埋まった。これを見た皆は、何人もが力を合わせると良い知恵が出るのだなーと思った。

そこからさらに全員で話し合いをし、最終的に十三の項目に絞った。集まったメンバーはほとんどが知らない者同士であったが、この作業を通じてすっかり仲良くなり、「これならきっとやれる」という積極的な空気がみなぎった。

気がつくと三時間が経過し、五月の初夏なのに辺りは薄暗くなっていた。

私たちが決めた十三項目の質問を紹介したい。

1　なぜ起業しようと思ったのか。

2　起業するにあたって、どのような点を不安・リスクに感じ、どのように乗り越えたのか。また、今現在どのような問題点があり、どのように改善しているのか。

3　事業や経営に関するノウハウはどのようにして学んだのか。また、困ったときは誰に聞いたりして解決しているのか。

4　資本金、開業資金はどのようにして集めたのか。

5　事業を始めてすぐ利益は出なかったと思うが、その間の生活はどのようにしていたのか。

6　利益が出始めたきっかけ。

7　実際に起業してみて、経営に関することで予想していたものと現実とのギャップはあったか。あるのであれば、それはどのようなものか。

8　実際に起業してみて、起業するまでにやっておけばよかったと思うことは何か。

9　起業することに学歴は関係あると思うか。

10　何をしているときが一番良いアイディアが思いつくか。

11　社長自身のモチベーションはどのようにして高めているか。また、社員のモチベーションはどうやって高めているのか。

12　社長自身のストレス解消法は何か。

13　経営者に必要なこととは何か。

以上が、私たちが考えた質問事項である。

インタビューをする相手先の会社の条件は、

・個人創業時代も含めて十二年以内であること。
・親会社の子会社でないこと。
・二代目でなく創業者であること。
・福岡市を中心に福岡県内の会社であること

の四つであった。

インタビューの練習開始

それから二週間後、竹田さんが業種の違う三人の社長を大学に連れてきてくれた。これが私たちにとって、初めてのインタビューだった。模擬の練習は二人がインタビューし、残りのメンバーは後ろで見学することにした。

私はインタビューをする代表の一人になった。練習とはいえ本当に緊張した。ちゃんとしたインタビューができるかどうか不安で、インタビューをしている間もずっと声が震えていた。私たちは、社長に聞きたいことを聞けたのか。こんなことで、ベンチャー起業論やビジネスモデルを考えるときに役立つのか。しかしそのあと、不安な状況を切り抜けようとみんなの気持ちが一つになったことで、私たちの心配はやる気へと変わった。

模擬のインタビューを終えたあと、自分たちの準備がまだ不十分であることが分かったので、すぐ反省会を開いた。反省会を通して不十分な質問項目の改訂を始め、本当にこれから何が大切なのか、何をしなければならないのかがつかめた。この反省会はとても充実した時間となった。

インタビュー先の探し出し作業

実際にインタビューをするにはその前に、インタビュー先を見つける必要がある。私たちはインタビュー先を確保するために平成十七年六月末、竹田さんの会社に集まった。新設会社が紹介されている分厚いコピーと、詳しい会社のデータが載っている会社年鑑をもとにして、自分たちに興味のある業種を絞り込んだが、どの会社も聞いたことがない会社ばかりだったので、この作業はとても大変だった。

新設会社のデータと会社年鑑をもとにしたリストアップが終わったあと、次は封筒に一枚一枚手書きで住所と会社名を記入し、「インタビューをさせてください」という私たちの思いを印刷した依頼状を入れて送った。結局、この日は、二百六十二通のダイレクトメールが送付できた。

しかし私たちの期待に反して、返信はわずか七~八%。あとで知ったことだが、ダイレクトメールに返事をくれる率は一~二%、多くても三%くらいだそうだ。そのことから考えると、私たちのダイレクトメールに対する返事は多かったほうだ。それでも、私たちが目標としている百社には程遠かった。

インタビュー先を獲得するため、再び新設会社のデータと会社年鑑をもとに取材先のリストアップ作業をし、合計で一千通以上ものダイレクトメールを送ることになった。このときは前回の経験があったので作業のスピードが上がり、前の半分くらいの時間でできた。

それでも、このダイレクトメールだけで百社を獲得できたわけではなかった。しかし、百社のインタビュー先を獲得するまでインタビューを待っているわけにはいかない。インタビューを進めていくという活動と、インタビュー先を確保する作業とを並行して行った。また、インタビュー先で別の取材先を紹介していただけるようお願いもした。

一人目のインタビュー

何もかも初めてのことばかりだったが、七月初めがインタビュー活動の幕開けとなった。私たちは、インタビューにはスーツを着て行くことにした。慣れないスーツ姿で何だか照れくさかった。最初のインタビューは、リーダーの村上が先陣を切った。しかし村上は緊張のあまり、失敗をしてしまった。その会社に行く前、もう一人のメンバーと打ち合わせをしているときに、誤って自分のズボンにコーヒーをこぼしてしまったのだ。一社目のインタビューは、面会先の会議室にコーヒーの匂いを漂わせながら行われた。

今だから笑い話のようだが、そのときはとても気まずかったそうだ。次からはお互いにもっと気をつけようと話し合った。

インタビューから学んだこと

私たちはこの活動を通して経営の難しさはもちろんのこと、社会の常識を学ぶことにとても役立った。メンバーの一人である牧田は、面会時間よりも早く行くべきだと意気込んで二十分近く早くインタビュー先の会社に着いた。しかし、社長に言われたのは「きみ、来るのが早すぎるよ」という言葉だった。そのとき牧田だけではなくメンバー全員が、その牧田の体験に驚いた。私たちが考えていたことは、遅刻をしなければ良いということだった。時間に遅れることは決してあってはいけない。けれど、早く着き過ぎるということに対しては、何の疑問も抱いていなかった。

この出来事を通して分かったことだが、経営者の方々は時間をとても大事にして仕事をしているということだった。私たち学生のように、一日に一つの予定だけで動いているのではないのだ。だから、予定時間より早く来られても、遅く来られても困るのだ。とても勉強になった。

仕事をする人にとって欠かせないのが名刺。私たちは、インタビューをする社長さんに名前を覚えていただきたいと思い、自分たちで名刺を作成した。自分の名刺を持つことすら初めてである私たちが、名刺の渡し方など知っているはずがない。そして、名刺の渡し方を全く知らなかったメンバーの一人は、挨拶をした後に名刺を渡すということが身についておらず、インタビュー中に「名刺の交換をしましょう」と言う一幕もあった。このメンバーの体験も私たちにとって、とても良い勉強となった。私たちにとって、成功したことも失敗したことも、やっていることすべてが勉強になっているのである。

本格的活動

この活動が最も盛んになったのは、夏休みに入ってからの約一カ月半だった。大学の授業があるときは授業が優先するので、インタビュー活動は夏休みを中心にするということを決めていた。それでも、夏休みに入る前は難しそうだという思いが強く、先がどうなるか心配だった。

そのような中、プロジェクトのミーティングは週に一回のペースで行われた。そして、ミーティングがあるとき以外は、行けるだけインタビューに行った。一日に三社へインタビューに行った人もいた。八月と言えば夏真っ盛り。猛暑の中、汗を流しながら活動を続けた。そして、この活動の中間発表をするときが近づいていた。そのときというのは、ベンチャー起業論の夏のイベント「企業対決・理系研究室紹介」というものだ。私たちは、このイベントで春からやってきた活動の中間報告をすることが決まっていた。そのときまでには、何としても半数の五十社のデータが必要だった。そのために、みんな一所懸命がんばった。その結果、五十五社のデータを集めることができた。

その「企業対決・理系研究室紹介」で、私たちは「私たちの抱いていた社長像と、実際の社長像の違い」や「起業のきっかけ」、「学歴、学校の勉強は役に立っているのか」など、質問事項をもとにデータを作り発表した。

本番までには、何度かの中間発表がある。この中間発表で、私たちは自分の想いが相手に伝えられないというもどかしさに悩まされた。大学の先生方からは細かく聞かれ、それに答えられずに沈黙……自分たちが何を伝えたいのか、何がしたいのか、メンバーはそれぞれ悩んでいた。

この活動を始める前に、メンバーで社長像について話し合ったことがあった。そのときにみんなで話した社長像とは、「社長とは別世界の人で、しかもかなり傲慢な人だ」ということだった。しかし、それは違っていた。社長さんは、優しかった。傲慢な感じなど全くなかった。忙しくて時間がないにも関わらず、質問には快く答えてくれた。

もちろん、いろんな意味で、別世界の人だと思っていたことに間違いはなかった気がする。最初に別世界の人だと思っていた理由は、金銭的な面も含め、生活レベルの違いについてが多かった。活動後に感じたことは、人生の先輩として尊敬できる部分の多さ、そして社長になるための努力や勉強に費やした時間の多さである。これは別世界の人と言えるほどだった。

イベント当日まで多くのことがあったが、私たちはそれまでの自分たちの力は出し切った。結果は、三位入賞という嬉しい結果だった。しかしこれで満足してはいけないし、私たちの活動はまだ終わっていない。私たちプロジェクトの目標は、十二月に福岡大学ベンチャー起業論主催で行われる「ビジネスプラン・コンテスト」なのである。

この活動に向け、メンバーは団結した。

思わぬ事件が発生

夏休みを終え、後半の活動が始まった。後期の授業が始まり、メンバーたちにも授業がある。夏休みに行われた「企業対決・理系研究室紹介」で気持ちを一つにし、目標を新たに進み始めたはずだった。しかし、全員の活動のペースは必然的に落ちていった。

私たちのチームは一・二年生が多く、一・二年生は授業の科目がとても多いので活動のペースが落ちたのは仕方がなかった。このとき主に活動したのは、リーダーを中心とする三・四年生だった。

しかし、そのような状況の中でもデータは徐々に集まっていき、十二月に開催される「ビジネスプラン・コンテスト」に向けて活動した。十一月の時点で、既にインタビュー先は百社を超えていた。当初の目標であった百社を達成したということもあって、メンバーは少しホッとしていた。

しかし十一月後半のミーティングで事件が起こった。百社に達しているということを前提に、データを一社一社チェックし再集計をした。それがなんと!! 採用できるデータは八十社しかなかったのだ。メンバーはもちろんのこと、竹田さんも驚いた。

その理由はすぐに見つかった。最初に決めていた条件に合致していない取材先が多くあったのだ。起業して十二年の条件を越していたり、二代目の社長であったりと……。

このようなことが起きてしまった原因には、いくつか思い当たる節がある。データの保存状態や提出状況の悪さ、聞いてくるべき項目の漏れなどだ。どうして、一社一社確認しなかったのか。どうして、その都度その都度、記入すべきものを記入して提出しなかったのか。

私たちは、後悔した。そして、一番大きな問題点は、各メンバーの中にこの活動の目的が浸透していなかったということだった。メンバーの一人ひとりが日本の大学では初めてというこのプロジェクトの価値をきちんと認識していれば、起こることのないことだったのだ。

ところがそのあと数人のメンバーが予想外の働きをしたことで、ようやく最初の目標であった百社のデータが揃った。今から思うと、「よくあんなにガンバレたなー」と、感動を覚えるほどである。

この大きな出来事で、集団活動の難しさを知った。集団で活動している以上、その集団全員が理解し協力していかなければならないのである。

ビジネスプラン・コンテスト

ここに至るまでには、本当にさまざまなことがあった。ハプニングだらけで、最終発表ができるのかどうか本当に不安だった。しかし本番はもう目前に迫っている。本番前にメンバーで集まり、徹夜で議論を続けた。それまでは順調に中間発表をこなしていたが、議論すれ

ばするほど内容がまとまらないし、プレゼンテーションも完成しなかった。本番まで残り十二時間。眠かった。

そして本番直前、プレゼンテーションは完成した。しかし、全く練習をしていない。焦りもあり、本番でうまくやり切れるかどうか心配だった。発表者たちは黙々と練習をした。

いよいよ本番。とうとうやってきたのだ。何としても、今までのがんばりは見せたかった。みんなの想いは一つになった。春からやってきた活動の集大成だ。結果は四位。嬉しかった。

相手先・メディアへの活動報告

私たちは、この約一年にわたる活動を、新聞やテレビなどのメディアに発表することにした。結果的には、「西日本新聞」、「読売新聞」、「東京商エリサーチ」など三紙誌に取り上げてもらうことができた。私たちがやってきた活動が新聞に載ったときはとても嬉しかった。新聞の切り抜きを拡大コピーし、友達に配りまくった人もいた。このときの顔は輝いていたことだろう。

そして忙しい中、インタビューにご協力をいただいた経営者の方々に活動報告をするために、パーティを開いた。忙しいにも関わらずパーティには多くの社長さんが駆けつけてくださり、活動結果の報告をすることができた。私は受付係だったのでパーティの会場にはいなかったが、メンバーの話によると、参加された社長さんはどなたも「難しい作業なのによくやった」とほめてくださったので、苦しかった取材のことが良い思い出となり始めた。しかし社長が何人もいるので緊張し、ビールの味がせず、いつの間にか時間になっていたという人がほとんどだった。私は自宅が遠いのでこのあとすぐ帰った。二次会は中洲へ。

私は知らなかったが、メンバーの何人かが「一度中洲に行ってみたい。連れていってください」と、竹田さんに頼み込んで二次会が実現したそうだ。ここのラウンジバーで飲んだビールの味で「大きなプロジェクトをやり遂げることができた」と初めて実感した人が多かったそうだ。その中には「ホー、これが夜の中洲なのかー」と、すっかり気に入った学生もいたとか。

プロジェクトの終了と今後

約一年かけて行ったこの活動も、パーティの終わりと同時に終了した。やり終えた嬉しさと同時に、終わってしまった寂しさもあった。

大学生の自主的な計画による日本初の起業時点実態調査プロジェクトをやり遂げることは大変であったが、充実した学生生活を送ることができた。メンバー全員が多くの経営者の方々からさまざまなことを学んだ。私たちが大学で得た財産である。福岡大学に進学し、ベンチャー起業論という講義で竹田さんに出会うことができたことに感謝したい。

そして二〇〇七年、この活動の本当の集大成として、この本を出版するに至った。

（文責：高貫槙子）

【補論】

トヨタ生産方式とベンチャー起業論

福岡大学経済学部教授　阿比留正弘

はじめに

私は、平成十一年四月よりベンチャー起業論という起業家育成の講座を開始した。当時は全国的にも珍しく、ほとんどのメディアからの取材が相次いだ。(1)講義がスタートして七年目になり、この七年間の間に、カリキュラムの整備はほぼ完了し、私自身理想的な教育の仕組みができたと自負している。

ベンチャー起業論では、年末にビジネスプラン・コンテストを実施しており、このコンテストに向けて、ビジネスプランの作成を行い、その効果的な発表のために準備をすることを目的にしている。

しかしながらほとんどの学生は、ビジネスプランの作成段階でとても大きな困難に直面している。何不自由なく育った学生は、身の周りに存在する不便や問題を解決するプランとしてのビジネスプランを考えることができないからである。私にとって、ベンチャー起業論を教育システムとして確立させることは、夢を持てない学生を如何に動機付けし、夢に目覚めさせるかの一点に集約されていたと言っていい。言い換えれば、学生自身の自己実現に対する願望を呼び起こすか、学生自身の心に眠る自分らしさを発見させるか、やる気スイッチをオンにさせるかだけを考えてきた。

このような目的を達成するために、ベンチャー起業論の講義では、毎週金曜日の一時限と二時限目の講義に、魅力的な人（経営者、コンサルタントなど）を毎週オムニバス形式で非常勤講師として招聘《しょうへい》している。ここでの講義を通して、学生に企業経営の面白さ、やりがいを教示していただくと同時に、激しく変化している日本経済、世界経済を見る現実的な視点を提供していただいている。

しかしながら、こういう講義形式だけだと、学生は受身のままだ。自分で考えようとはしない。学生が企業の現場から現実の活動を通じて学び、自ら動き、自ら考える環境が必要であることを痛感した。そのための仕組みとして六年前から、学生が関心のある企業においてインターンシップを経験し、そこでその企業の現状を調査し、問題点を発見し、その問題の解決提案を社長に行うイベント「対決・理系研究室紹介」を開始した。この理系研究室紹介とビジネスプラン・コンテストを開催することを通じて、様々な独創的な仕組みをスタートさせることができた。

そこで、この論文では、具体的にどのような仕組みが誕生したかを紹介し、今後どのように企業家育成の活動が進んでいくのかまとめることにする。次節で講義運営の私の基本的な考え方とビジネスプラン・コンテストと「対決・理系研究室紹介」に至る過程、これまでの活動の経緯を要約し、2節でこの過程で生まれた現在進行中の様々なプロジェクトを紹介し、3節でこのようなプロジェクトが今後どのように発展していくかを展望し、今後の課題を要約する。

1 基本的な考え方

私は、〝二〇〇七年問題〟とフリーターやニートの問題を重要視している。なぜなら、この問題は、日本経済を支えてきた団塊の二〇〇七年世代が労働市場から退場し、代わりに夢をもてないフリーター世代がマーケットに参入することを意味しており、労働の質的な低下の問題を社会に突きつけているからである。

このような問題に対して、大学教育を担当する人間として、二〇〇七年世代からフリーター世代への技術、ノウハウの移転プログラムについての解答を要求されていると考える。この論文は、この問題に対する一試論でもある。

1―1　フリーター・ニート問題――「俺たちはモノではない」

フリーターやNEET（Not in Employment, Education or Training）が急速に増えている。学校を卒業しても、定職につかない、定職につくための努力をしない人たちのことだ。

この問題の発生源は教育現場にあると言って、問題ないであろう。私は、この問題は基本的に、学校現場の評価基準と卒業後の社会の評価基準が異なり、適応できないことから起こる教育問題であると考えている。

小学校、中学校、高校、大学とすべての教育現場で重視されてきたのは平均点であり、如何に平均点を上げるかに教師、児童、生徒、学生、父兄のエネルギーが注ぎ込まれてきた。平均点を上げる最も効果的な手段は、不得意科目の克服であろう。不得意科目は多くの場合は、嫌いな科目である。そのため、教育現場では、嫌いな科目を無理やり勉強させられることになる。

嫌いな科目、嫌いなことをやらされ、できる人との比較で自分が如何に駄目な人間であるかを毎日、教師、親、友人から繰り返し繰り返し、教えられる。そのため、少なくとも成績が悪く、成績を上げたいと思う人は、自分に自信が持てないで、元気の無い人になる。

一方、卒業後の社会の評価基準は、平均点ではなく得意分野の能力である。アメリカ大リーグの松井は三年契約で六十億円以上に評価されて話題になった。彼は、野球グラウンドの行動が評価されているのであって、英語がいくら上手く話せても、話せなくても、彼の価値はそれとは関係ないのである。

人は、好きなことは楽しくやれる。押し付けられなくても、またどれだけ苦しくても、楽しむことはできる。学校現場で進路指導は、個人の適性とは無関係に行われている。成績が良ければ理系、悪ければ文系だという。世の中にどのような仕事が存在するのか、どのような仕事はやりがいがあるのかとは無関係に、平均点が高ければ東大の医学部を頂点とする大学に配分される。

私はフリーターやニートの問題は、「俺たちはモノではない。感情を持った人間だ」という悲鳴に見える。社会が得意科目を評価するのであれば、得意科目を積極的に伸ばせばいいのではないか。一人一人は顔も性格も異なる。世界中に二人と同じ人はいない。このあたりまえのことを前提にした教育が行われていない。

先に、フリーターの悲鳴として「俺たちはモノではない」と書いたが、実は、日本のモノづくりの世界ではモノはモノとして扱われていない。モノが個性を重視されている。それがトヨタ生産方式だ。

1―2　モノの生産は個性重視――一人一人のニーズにこたえます

先日、トヨタの自動車工場を見学に行った。驚いたことに、一つのラインに全く異なった車種が流れている。同じ車種でも、色、形、オプション、左（右）ハンドルなど全く異なった仕様である。聞くところによれば、購入者も特定されているらしい。

私は、モノづくりに対する認識を根本から変えなければならないと思った。これからの教育は、モノ並に人間も個性を重視していかなければいけない。トヨタ生産方式は、Just In Time生産システムとかカンバンシステムとか呼ばれる。部品など在庫を持たず、必要なものを、必要な時に、必要なだけ生産するためPull型の生産システムといわれることがある。

これに対して、大量生産で有名なフォード生産方式はPush型生産方式といわれる。フォード生産方式は社会的に絶対的に車が不足していた二十世紀の初頭に開発されたものである。そのため、メーカーが考える車のあるべき姿を消費者に押し付ける（Push）生産方式であった。

このように考えると、今日の教育は、教師が持っている知識や経験を消費者である学生に単位を脅迫材料に使いながら押し付けるフォード生産方式であり、モノづくりの世界では百年以上前の方法論を使っていることになる。

1―3　トヨタ生産方式を大学の教育に応用する

トヨタ自動車の場合、顧客が主役である。顧客は自分が求める車を思い描いて、ディーラーのところに車を買いに行く。残念ながら、ディーラーは客が求める車を展示していない。顧客が望む車種、色、サスペンションの硬さなど、自分だけの車が満たすべき条件を聞き、それをメーカーに伝えるのが、ディーラーの仕事である。メーカーは、後工程で必要になる部品が必要な時に必要なだけ使われて、無駄なく生産される。

大学の教育にも基本的に同じ発想を持ち込むことができるのではないか。よく、卒業生が十年ぐらいして大学に戻ってきて、「大学時代にもっと勉強しておけばよかった」という声を聞くことが多い。これは、大学時代に勉強したことが必要であると理解できるまでにかかる時間（タイムラグ）が大きすぎるため、効率的ではないことを示している。

私は、この時間をできるだけ少なくする教育システムを提案する。つまり、勉強の必要性が分からない人に教えるのではなく、勉強の必要性を認識させ、自ら学ぶきっかけを与えるものである。言い換えれば、学生が面白がるような問題を与えて、その問題解決のプロセスで、学生が学ぶべきことを学ぶ仕組みである。トヨタ生産方式で言えば、顧客が学生であり、ディーラーがコーディネーターの私である。工場は、私が教育の現場として準備してきた様々なプロジェクトやプログラムである。

後で述べるような様々なプロジェクトやプログラムを生んだのが、次で説明する「対決・理系研究室紹介」というイベントであった。

1−4 「対決・理系研究室紹介」と支援の広がり

この「対決・理系研究室紹介」というイベントは、平成十二年の八月三十日に福岡県宗像

市のグローバルアリーナで第一回目のイベントが開催された。(2)

このようなイベントを開催したきっかけは、前年に実施した第一回ビジネスプラン・コンテストであった。(3) 第一回のビジネスプラン・コンテストは、私も学生も全く未経験の中で実施した。私も全く専門家ではないため、首尾一貫した指導ができるわけではなく、「みんな、日常生活でいろんな不平、不満、不便、悲しい、淋しいを経験するだろう。それを便利、満足、嬉しい、楽しいに変えること」を考えてみよう、などと分かったような分からないようなことを言って何とか実行した。

そのような中で、提出されたプランが、注3のURLで示したように、一位がおじいちゃんやおばあちゃんが働くお母さんを助ける託児所サービス「セカンドハウス」や「ストーカー110番」などの時代を反映したプランであった。

しかしながら、学生はビジネスプランを考えるのにとても苦労していた。そこで、この学生の苦労を少しでも軽減させるために、企業の現場を経験させる「対決」のプログラムとベンチャーという言葉が理系の技術の香りを持つことから、理系の研究を事業化するきっかけになるような理系研究室紹介という文理融合プログラムを開始した。

理系研究室紹介は、福岡大学理学部の脇田教授を始めとして、福岡大学の理系研究室や九州大学、九州産業大学など他大学の教授も巻き込み、理系の研究室の研究をビジネス化の視点から紹介するプロジェクトである。経済学部の学生は、文系に分類されているとはいえ、理系的な関心を持たないわけではない。また、事業化される場合、営業、法律的な問題に対する対応、事務的な問題を避けて通ることはできない。理系研究室の教授の目的は、最先端の独創的な研究が主な関心であり、事業化に関する雑用には興味が無いのが普通である。大学発ベンチャーが叫ばれるとはいえ、このような問題に対しては、ＴＬＯやリエゾンオフィスが有効な解決策として機能しているとは言いがたい。

そこで学生の教育を兼ねながら、文系の学生が経営の勉強と理系の研究内容について、事業化の視点を持ち本気で調査研究することの意義は大きい。残念ながら、このプロジェクトから新しい大学発ベンチャーが立ち上がるところまではいっていないが、その芽はできたと思う。そういう意味で、文系の学生が一般教養の履修科目として自然科学概論などの科目を履修するよりはるかに多くの実践的な学習をしたことは、高く評価されて良いのではないかと思われる。

このプログラムを開始して、想像していなかった様々な変化が起こった。まず、このようなプログラムに対する社会のニーズがとても大きいということである。このプログラムを実施する上での経済的、人的な支援が様々の企業から行われた。経済的な支援として、平成十二年にベンチャー起業論の講師の一人であるサニックスの宗政伸一社長より、一部上場に伴う創業者利益の一部を宗政基金として一億円寄付していただいた(4)。この基金のお陰で、ベンチャー起業論の活動は、ビジネスプラン・コンテストや対決などのイベントで賞金を出すことができるようになった。特許などの知的所有権の申請費用を補助したりできるようになっただけでなく、学生がスカイマークエアラインなど東京などの企業インターンシップに参加するための旅費、宿泊費も出せるようになり、学生の積極的な活動に拍車がかかった。また、いろいろな企業の社長さんが、貴重な時間を割いていただいており、その支援のネットワークが毎年、広がりを見せている。

次節では、支援の広がりを具体的なプロジェクトの誕生として紹介したい。

2　プロジェクト

このプログラムの特徴は、トヨタ生産方式を教育に応用することであると書いたが、以下のプロジェクトは、学生がまず問題を自ら設定してそれに対する解答を準備するという問題解決型である点ですべて共通点がある。ここでは、平成十一年から十七年までの「ビジネスプラン・コンテスト」と「対決・理系研究室紹介」で誕生し、今日のプロジェクトとして成長している将来につながるものに限定したものを誕生順に紹介することにする。ここでは、ホームページなどで紹介されているものについては、詳しい説明はそのURLを示し詳細の説明はそちらに譲り、概要だけにとどめる。ここで取り上げるのは、社長体験会社（現在はHeadquarters, HQと改称）、トヨタ生産システム、評価システム、起業時の実態調査プロジェクト、JADEプロジェクトである。

2―1 社長体験会社（Headquarters Inc.,HQ）

この会社は平成十三年末のビジネスプラン・コンテストにおいて、会場の参加者を中心に出資者を募り三八九万円の資本金を得て、平成十四年七月に設立された有限会社である。(5) この会社は、設立経緯や活動自体がとてもユニークであるとされ、これまで三十回以上、全国規模で様々なメディアで取り上げられた。(6)

これまでのビジネスプラン・コンテストで、学生のビジネスのアイディアが多く発表されてきたが、ほとんどの場合、基本的な問題で挫折してきた。挫折の原因は、起業への障害がとても大きいということである。

そのような障害として、まず最初にあげられるのが、会社の登記である。資本金を準備し定款を定め、直接の売上げに貢献しない様々な管理業務もこなさなければならないし、様々な守るべき法律の存在もある。売上げが発生すると、簿記、会計などの実務を勉強しなければならない。ビジネスのアイディアがあったとしても、そのビジネスプランの構築のためには、収益を生む活動以外の努力でほとんどの時間を割かなければならない。そのビジネスがやる価値があるかどうかは、実際にその仕事をまず始めてみなければ、どうなるか全く分からないのである。

このようなことから、社長体験会社では定款で学生が思いつく可能なかぎりの事業を登記した。学生が行うであろうビジネスを実際にスタートさせ、税金処理、管理業務、会計処理を本社で行う。そこでは税理士、公認会計士、弁護士、社会保険労務士などの指導を受けながら、必要な勉強をしながら学んだことを起業家の卵たちに指導していった。そういう意味で、この社長体験会社は新しいビジネスを生む孵化器の役割を果たしている。

この社長体験会社の事業としては、島原のそうめん料理からスタートしたレストラン「島原の乱」をはじめとして「やおやのはち屋」、「討論カフェ」、ウエディングコーディネーター事業「ハッピーブリッジ」の四つの事業部を中心に活動している。これらの事業の詳細については、注5で紹介したメディアの記事に譲りたい。

2―2　トヨタ生産システム（元は昭和鉄工生産方式＝SPS）

このプロジェクトは、もともと私のゼミ生であった上田和範君が、福岡市に本社を置く昭和鉄工株式会社にインターンシップに行き、その経験を元に、同社の相談役水口敬司氏に対決を挑んだことがきっかけで始まった。昭和鉄工は、一九八四年から故大野耐一氏の指導を受けて九州の企業としては初めてトヨタ生産方式を導入し、経営危機を乗り越えた企業である。

この企業は、“Lean Thinking”（James Womackらが一九九〇年に出版し、世界中で四十万部以上売上げた“The Machine that Changed the World”の続編）の10章で二一九～四六ページまで、トヨタ生産システムの成功例として取り上げられている。彼らの著書は、トヨタ生産システムが他の自動車メーカーのベンチマークテストで圧倒的な優位性を持つことを紹介し、トヨタ生産システムを「リーン生産方式」と呼んだ。

この本が出版されてから、世界中の超一流企業（ボーイングやポルシェなど）が福岡の昭和鉄工に学ぶために視察に訪問するようになった。上田君たちの昭和鉄工グループは、この会社でインターンシップし、昭和生産方式（SPS）を学んだ。そしてここで学んだことを応用することにし、社長体験会社がスタートしたレストラン＝島原の乱のオペレーションに応用し、「対決」で店長に対して改善提案を行った。

彼らはこの対決で、特別審査部門で一位、総合準優勝という成果を収めた。この表彰式で興奮した上田君は「福岡には世界の超一流企業が注目するすばらしい企業があるのに、地元の企業はそのすばらしさを知らない。私は、地元九州企業のため、そしてアジア企業の発展のため、この生産システムのすばらしさを伝えることを一生の仕事にしたい」と言った。

この言葉に動かされた昭和鉄工の水口相談役が「君の夢をかなえてあげよう」と言われ、この企業にトヨタ生産システムをコンサルティングしている新技術研究所の中尾千尋社長に研究員として採用してもらった。[7] そこで、今年の四月から産業技術論という講義科目をスタートさせて、ベンチャー起業論の受講生向けに水口相談役、昭和鉄工の改善担当の近藤信之氏による講義を開始した。そして今年九月の対決では、ここで学んだことを応用するために、福岡辛子明太子で有名な「ふくや」と特殊ポンプの製造メーカーである本多機工株式会社でインターンシップをして、これらの企業の社長と対決を行い、それらの企業の社長から高い評価を受けることができた。

このような取り組みが、新技術研究所からも高い評価を受け、来年はアメリカ、ヨーロッパなど超一流企業でこれまで五千人以上の管理職に指導してこられたコンサルタントの皆さんから学生が直接指導してもいいというありがたいお話をいただいている。この考え方を応用し、対決企業だけでなくベンチャー起業論の仕組み自体もトヨタ生産方式で改善したいと考えている。

2―3　評価システム

ベンチャー起業論は試験無し科目である。受講生が百五十名にのぼり、各学生の活動が単一ではなく、様々のプロジェクトを学生主体で行っており、それぞれの学生の活動状況を私一人で評価するのは事実上不可能である。そのため、過去において、人知れず頑張っている学生の活動状況を把握できなかったことから、不合格にしたり、一見目立っているが実際はそれほど活躍していない学生を高く評価するなどという不平等に対して、学生の間から成績評価にも学生を関与させてほしいという声がどこからともなくあがってきた。また、私も、一所懸命に頑張っている学生が一部となり、多くの学生が自分の役割が分からず、全体の士気を低下させていることが問題と感じていた。

そういう中で、昨年の対決のチーム（理系研究室紹介で生分解性プラスチックの研究をしていた三島チーム）が十三名というかなりの大所帯にもかかわらず、全員団結して、すばらしい発表をしただけでなく、その後ベンチャー起業論を支える主要メンバーに成長するという事件（?）が起こった。このチームは自分たちそれぞれの個人目標とチーム目標を決め、自己評価と友人二人による他人評価制度を自然発生的に導入し、毎回の集まりの度に反省会を行い高い動機付けを行っていた。

そこで、この評価制度を作った並松君（チームリーダーであり、当時の学生代表）を中心にベンチャー起業論全体の評価システムを構築するプロジェクトチームを発足させた。この評価システムは大きく三つの評価項目からなっている。一つはベーシックと呼ばれ、時間を守る、挨拶をするなど基本的な生活態度に関する評価基準と、チームの目標、個人を二十項目に分けて自己申告する。この項目ごとに五段階で評価するので、すべてにおいて五点を獲得すると初めて百点となる。この点数がそのまま学生の評価になるわけではなく、最後に私がこれを参考に最終的な評点をつけるという仕組みだ。

この評価システムを作成するに際して、今年六月三日、ベンチャー起業論で講師をしていただいたポルフ開発研究所の小林良行代表取締役に、具体的な仕組み作りで指導していただいた。ポルフ研究所は南アフリカやヨーロッパを中心として、職場改善を行っているコンサルタント会社である。この企業には、南アフリカの留学生（大学院）の父親からの紹介で出会い、定期的に指導を受けながらシステム構築を目指している。なお、ポルフとはPractical Program of Revolutions in Factoriesの略であり、参考文献（小林、Kobayashi）に詳しい説明は譲る。

現在、この評価システムは仕組みとしては一応の完成をみたが、企業の場合は給与というインセンティブがあるが、学生の場合、成績以外のインセンティブが働かないため、企業の評価基準をそのまま適用することに限界を感じている。学生がこの評価システムを自己実現のツールとして認識するような仕組み作りが今後の課題である。

2－4　起業時の実態調査プロジェクト

このプロジェクトは、福岡大学経済学部の卒業生でもあるランチェスター経営の竹田陽一氏よる発案と寄付によって実現した。竹田氏には、平成十二年よりベンチャー起業論の講師を担当していただいており、中小企業対象の経営コンサルタントしては日本で最も有名な方の一人である。毎回、ビジネスプラン・コンテストの審査委員長をお願いしている。この審査を担当されて、学生のプランがアイディア止まりであり、売るシステムを持っていない、もっと現実の社長が何を考えておられるかについて取材をしなければいけない、と言われる。

このような問題を解決する仕組みを提案していただいたのが、この起業時の実態調査プロジェクトである。竹田先生には、ポケットマネーで学生の取材に伴う交通費、活動中の食事代も負担していただき、起業から十二年以内の企業百件の社長がどのような問題を抱え、どのように解決してこられたかを取材している。平成十七年十二月十四日、ついに百件の取材を完了した。この取材の状況については、ホームページで常に報告し、必要とあれば、追加取材を行いながら、記者発表、交流会を開催し、この結果を出版することを考えている(8)。

学生は、取材を通して、ビジネス・マナーなどができていないことを社長さんに注意をされたり、普段の大学生活では全く知ることができない地元企業の現実の姿に感動したり、様々のドラマの中で確実に成長している。ある者は、理想の就職先が見つかったり、夢を見つけたりしている。そして確実に自己実現の一歩を踏み出して、自分の人生について真剣に生きることを学び始めている。

このようなプロジェクトは、ともすればフリーターやニートになりがちな学生に働くことの価値を与えてくれた。このプロジェクトは今後も継続させることで、地元企業とのネットワークを構築し、今後就職する学生、起業する学生が現場から教育を与えられる機会として、ベンチャー起業論の大きな財産になると思われる。

2－5　JADEプロジェクト

これまで、トヨタ生産システムの教育への応用で言えば、消費者（学生）のニーズを出発点として、様々な知識を吸収する仕組みについて説明してきた。最初の説明に従えば、Pullシステムにおける工場の内部の仕組みについて、学生一人一人を彼らが興味を持つ専門家にどのように任せ、個性重視の教育を推進するかについて役割分担の仕組みとして説明してきたとも言える。ここでは、トヨタ生産システムで理想とされているような〝一個流しの生産〟といわれるような、効率的な工場設計という視点は欠けていた。そのため、いろいろな仕組みが雑然と存在し、様々な無駄が発生している。学生の中でも頑張る人とそうでない人の差がとても大きい。評価システムはこのような無駄を排除するためにあるが、組織形態が確立していないので、評価システムにすべてを期待するには無理がある。

そこで、登場するのがこのプロジェクトである。また、トヨタ生産システムは今や工場現場の世界標準となっている。最後のプロジェクトはトヨタ生産システムの国際性を意識したものである。前置きが長くなったが、JADEについて説明したい。

JADEとは、ベルギーのブラッセルに本拠地を置く、若者会社（Junior Enterprise）の統括団体である。2－1節で社長体験会社について説明したが、実は、ヨーロッパにはわれわれの社長体験会社に近い概念の若者会社のネットワークがある。

この若者会社は一九六七年、パリのビジネススクールで初めて設立された。この会社は、大学でいろいろな学問を学ぶ学生たちが、学生が社長や役員、従業員の会社組織をつくり、大学で学んでいる知識を使って地元の企業などを相手に、市価の十分の一などの安い値段で、自らのサービスを実際に販売する。文系大学であれば、マーケティングを請け負ったり、最近であればウェブ製作のような学生が得意な仕事を請け負う。工学系の学生であれば、地元企業が困っている問題を解決する製品を実際に製作し販売することを通して、企業活動をシミュレーションするのである。安価であれ、実際に顧客を相手にすることから、様々の問題やクレームなどに直面する。それらの問題を解決することを通して、学生に学ぶ仕組みを提供している。

私は、社長体験会社を設立した翌年、平成十五年にブラジルからの留学生から、社長体験会社のような若者会社がブラジルの大学にあるという話を聞いた。そこで、平成十六年の三月にブラジルの大学を訪問してどのような組織であるかを視察した。その時、ブラジルのほとんどの大学に、このような若者会社が五、六社存在し、大学の中にオフィス・スペースを大学から与えられて、積極的に活動している様を見て驚いた。

また、この概念がパリでスタートして、その後大きく成長し、ヨーロッパの多くの大学に若者会社が存在することを聞いた。これによると、現在ヨーロッパ全体で百五十の若者会社が存在し二万人の学生が活動しているとのことである。そしてこの組織を統括する組織として、一九九二年にJADEが設立された。ブラジルに広がったのは一九九〇年代であったが、広がりはブラジルのほうがはるかに大きな組織（六百）として成長している。平成十六年にブラッセルのJADE houseを訪問した際、私は、日本でも若者会社を設立してJADEに入らないか、という勧誘を受けた(9)。

ブラジルやヨーロッパの若者会社と社長体験会社のコンセプトは似ているが、二つの大きな違いがある。一つは、若者会社はNPOであるのに対し、社長体験会社は営利企業である。二つめは、若者会社は、メンバー全員が学生であることを義務付けられているのに対し、社長体験会社は、設立メンバーはすべて卒業しているという点である。彼らが卒業して社長体験会社のメンバーと学生の関係が希薄になってきており、もともと、社長体験会社が学生に教育の現場を提供するという機能が薄れてきたこと、学生と社長体験会社のメンバーとの意識の差が顕在化してきたことから、ヨーロッパの若者会社のような中間的な存在の必要性が最近、とても重要に思えてきた。また、学生の中には、ヨーロッパに語学留学に興味を持つ学生の存在が大きくなり、語学研修ではなく、若者会社や現地のビジネスを通して交流することの意味も増大してきた。

現在、学生を中心にヨーロッパの若者会社のモデルを福岡大学に導入する機運が高まり、平成十七年十二月十七日のビジネスプラン・コンテストでこの設立を学生に呼びかけることになっている。この設立の目的の一つに、ベンチャー起業論の組織は複雑化し、相互の関係や役割が不明確である。ヨーロッパの若者会社は、社長以下の役員、従業員の意思決定システムが単純にできている。JADEに加盟することで、組織としての効率性の追求を行いたいという意味も持っている。

3　おわりに　新しくスタートするプロジェクト

これまで六年間、九月のイベントとして、対決・理系研究室紹介を行ってきたが、今年でやめようと思っている。一番大きな理由は、対決の九月開催の問題点である。2節で述べたように、このイベントはビジネスプランのネタ探しであるが、対決がこの目的を達成していないのではないかと思い始めた。学生は、この対決に向けて、前期に二週間程度インターンシップに行き、その期間にその企業の取材を行い、現状を分析し、論点を決め発表するのであるが、この活動でほとんどの学生は夏休みがつぶれる。その結果、後期がスタートした頃は燃え尽き症候群で、回復にしばらく時間がかかる。そのイベント自身は学生にとって達成感のあるものであるが、本来の目的であるビジネスプランの作成に関係してこなかったと反省している。もっとビジネスプランに直結した仕組みの構築が望まれる。

そこで、年に一度で集中的に行ってきたイベントを、毎週の講義の中に分散化させることを考えている。これまでの対決では、これまでの現状把握、問題発見と解決提案をプレゼンテーションの中身にしてきたが、もっとビジネスプランを直視したものにしたい。すなわち、学生は毎週のベンチャー起業論の講義に際して、約一カ月前から講義担当者である企業にインターンシップに行き、そこでこれまで同様取材を行う。今回の課題は、問題指摘・解決提案ではなく、その企業の現在のビジネスプランとその企業の新規事業のビジネスプラン発表である。この場合のメリットは、講義担当者は講義の準備をこれまでのように行わなくてよい。学生が発表するビジネスプランを正しく理解しているかどうかを判断し、それにコメントするだけでいいだけでなく、社長の立場からは自分の会社がどのように見られているかを知ることができる。また、学生の講義に対する参加の度合いが高まり、講義を楽しみにしてもらえる。さらに、学生にとっては、ビジネスプランを発見しやすくなるだけでなく、新規事業の提案がその企業とのコラボレーションに発展する可能性もあり、彼らの職業選択に対してもよい判断材料を与える。これまで、対決が年に一回しか開催されなかったので、二つ以上の企業の対決を経験したいより学習意欲が強い学生の要望も満たすことができるという利点もある。

上述したプロジェクト以外で、新たなプロジェクトとして計画しているのは、投資家の視点で企業を見る芽を養う教育を行う。最近特に注目されているが、楽天の三木谷氏、ライブドアの堀江氏、村上ファンドの村上氏と同じ視点で企業を見るトレーニングを行う。本年度は、このような分野での講師陣が充実しており、来年度はさらに充実することになっている。特筆すべきは、元ゴールドマン・サックス・アセット・マネージメント・ジャパン・リミテッド社長で、高速道路無料化を提唱し、中国経済のバブル崩壊を予言する山崎養世氏、カリスマ・ファンドマネージャーとして有名なレオス・キャピタルワークス株式会社社長藤野英人氏、元モルガンスタンレー・マネージングディレクターで参議院議員の大久保勉氏などの講義を一月に一度行うことにしている。このプロジェクトの参加者は、楽天証券で株式投資シミュレーションを行うことにしている。前もって、投資家としての最低限の知識を得るための作業（例えば、PBR, PERなどのランキング作成、シュミレーション企業の決算書の分析など）を前提とした課題を講師ごとに発表を義務付ける。このような作業を通して、時代の変化を見抜く力を身につけさせる。

謝辞

まず、この論文を書くきっかけを与えていただいた、滋賀大学教授酒井泰弘先生には心からの感謝の気持ちを表したい。先生は筑波大学の大学院で、国際的な研究の面白さと教育者としての心構えを教えていただいた。今日の私があるのは酒井先生の指導のお陰であり、私の発想の根底には先生から受けた指導が脈々と生きている。次に、本文の中でも紹介したが、サニックスの宗政伸一社長の講義に対する理解と協力は、講義の仕組みを完成させる上では無くてはならないものであった。また、文部科学省の特色ある教育、高等教育研究改革推進経費によって、教育に必要な様々の支援をいただいた。これらの資金もこの教育を充実させるためには不可欠の要因であった。記してお礼を述べたい。さらに、スカイマークエアラインの井手隆司副会長、大野尚監査役、株式会社テクノアート松脇秀三郎社長、昭和鉄工相談役水口敬司氏、ジャンヌマリー株式会社大倉紀子社長、デザインオフィスアートップの金本幸喜子社長、新技術研究所中尾千尋社長、ランチェスター経営株式会社竹田陽一社長などには、福岡大学経済学部のベンチャー起業論と関連科目のカリキュラムを充実させる上で献身的な協力をいただいた。ここには名前を挙げていないが、ベンチャー起業論の講師陣の皆様、地元経済界、福岡市役所、福岡県、経済産業省、マスコミなど様々の方々の協力をいただいている。また学内の管理職、同僚からも大きな理解と支援をいただき、このプログラムを実施できていることに感謝したい。

■注

（1）講義を開始した時と第一回のビジネスプラン・コンテストを実施した時の様子は次の URL で紹介している。
http://www.econ.fukuoka-u.ac.jp/~abiru/nventure/sinbunkiji/sinbunkiji.html
（2）第一回目の対決が開催された時に作成した「対決」紹介の URL である。
http://www.econ.fukuoka-u.ac.jp/venture/faq/hitudoku11.html
（3）第一回目のビジネスプラン・コンテストの様子は次の URL にある。
http://www.econ.fukuoka-u.ac.jp/~abiru/nventure/kougi/1999/bpc1/kekka.html

(4) 宗政社長からの寄付に関する経緯と基金に関する利用規程などの情報は以下の URL に詳しいので参照されたい。
http://www.econ.fukuoka-u.ac.jp/venture/faq/munemasakikin.html

(5) 社長体験会社の説明は、改称された Head Quarters Inc. のホームページを参照されたい。
http://www.shachou.co.jp/index.htm

(6) 社長体験会社についてのメディアの反応は、以下の URL にまとめられている。
http://www.shachou.co.jp/index10.html

(7) 新技術研究所については、会社のホームページとアメリカの病院にトヨタ生産方式が導入されたことを示す Washington Post の記事を参照されたい。
http://www.shingijutsu.co.jp/
http://www.washingtonpost.com/wp-dyn/content/article/2005/06/02/AR2005060201944.html
http://www.shyve.com/node/4108

(8) 起業時実態調査の活動状況については次のホームページを参照されたい。
http://www.econ.fukuoka-u.ac.jp/~sinniti/tpro/

(9) JADE house を訪問した時の様子は、JADE News Letter として配信された。その内容は、以下の Web Page を参照。そこで私は、日本の若者会社の創立者として紹介された。またここで Jade の詳しい内容を得ることができる。
http://www.jadenet.org/2004/08/28/japanese-junior-enterprise-founder-comes-to-visit-jade/

■参考文献

James P., Womack, Daniel T. Jones & Daniel Roos, 1990,'The Machine That Changed The World.:Based on the Massachusettts Institute of Technology 5-Million-Dollar 5-Year Study on the Future of the Automobile',Macmillan Publishing Company.

James P. Womack and Daniel Jones, 1996, 'Lean Thinking',Simon & Schuster

Iwao Kobayashi 1995,'20 Keys to Workable Improvement', revised edition, Productivity Press

小林巌夫『全員参加による工場革新　ポルフ実践法』日刊工業新聞社、一九九四年

編集後記

福岡大学経済学部教授　西原　宏

福岡大学経済学部では、一九九九年度より阿比留正弘教授がコーディネーターとなって「ベンチャー起業論」という科目を開講しています。この講義のねらいは、学生諸君に夢を持ち、それに向かって前進することの喜びを知ってもらうことです。詳しくは、阿比留教授の論文を補論として掲載しましたので、そちらを参照してください。本書は、その「ベンチャー起業論」で行われたいくつかのプロジェクトの中の一つである「起業時の実態調査プロジェクト」の活動成果としてまとめられました。

このプロジェクトは、「ベンチャー起業論」の初期の頃からご支援をいただいている経営コンサルタントの竹田陽一先生の発案により、出版を最終目標として二〇〇五年の夏に始まりました。

当初は二十数名の学生が参加し、「社長百人にインタビュー！」を合言葉として活発に活動しました。しかしながら、その活動は一時中断します。二〇〇五年十二月のビジネスプラン・

コンテストにおいて半年間の活動結果が報告された後、次年度になっても活動を引き継ごうとする者は現れず、プロジェクトは忘れられたかのようになりました。

夢を持つことにおいて最も大切なことは、気持ちを継続させることではないでしょうか。竹田先生の呼びかけに賛同して集まったとき、学生たちは、わが国でまだ誰も手がけたことのないこの調査プロジェクトに興奮し、出版を夢見ていたと思います。私は、その気持ちをこんなに簡単に忘れてしまっていいものかと思いました。「このまま終わってしまっては、竹田先生に申し訳ない」という気持ちと同時に、「ここで終わらせてしまったら、この子たちは夢を追い続けることをしない人間になってしまうのではないか」と危惧しました。

そこで、最初のプロジェクトの主要メンバーを中心として、再度メンバーを募集して立ち上げたのが第二次プロジェクトです。活動の内容は、第一次プロジェクトで行ったインタビュー結果から、特に魅力的な経営者を選び出し、再インタビューを行い、その紹介文を書くことでした。

活動は、二〇〇六年六月から約一年間続きました。担当者が原稿を書き、メンバー全員で読み、内容や表現について意見を出し合います。それを受けて、必要なら再度インタビューに行き、担当者が原稿を改訂します。この作業が何度も何度も繰り返されました。

この活動を通して、私は結果を出すことと同時に人間力の向上も求めました。私が学生に与えた基本ルールが三つあります。一つは、礼儀正しくすること。二つめは、約束を守ること。

三つめは、自分で考え自ら動くことです。学生たちにとって私はうるさい存在だっただろうと思います。何しろ「学生は、会議の始まりの時間に間に合うだけではいけない、三十分前に来て準備をすべし」、「竹田先生がいらっしゃる会議では、友達をニックネームで呼んではいけない」、「社長さんに送る手紙に肘をつくな」、「先方にEメールを送るときは、言葉遣いとして……」などと始終言い続けていたのですから。

このような活動の中で、私が驚き、そして嬉しかったことは、学生たちがけっして音を上げなかったことです。原稿が何度書き直しになっても、彼らは決して手を抜かずに改訂を繰り返しました。一本の原稿が出来上がるまで、平均して四、五回の大改訂、無数の小改訂を必要としましたが、その苦労のために次の原稿に着手することをためらう者は一人もいませんでした。この一年間、学生たちの熱意は途切れることがありませんでした。

こうして本書は出来上がりました。細部を見れば、取材にしても作文にしても未熟な部分がたくさんあるだろうと思います。しかし、ともかく彼らの活動成果は活字となり、出版という夢を達成することができました。

彼らにとって、この経験が学生時代の良き思い出となってくれたらと思います。夢を実現させるためには時間と労力が必要であり、それが長く大変であればあるほど、実現したときの喜びが大きいことをいつまでも覚えていてほしいと思います。

最後になりましたが、本書が完成するまでにお世話になりました多くの皆様に感謝の意を表します。まず、お忙しい中、このプロジェクトために時間を割いていただき、何度もインタビューに応じてくださった経営者の方々に厚くお礼を申し上げます。学生の中には、インタビューだけでは事実関係の細部が把握できず、電話やEメールで何度も質問した者もいたようです。そのような場合でも快く質問に耳を傾けご回答いただきましたことを感謝します。

また、本書の品質を確保するために、原稿の一部はライターの瓜生けい子さんに依頼しました。学生の書いた文章は、リライターの小川恵美さんにチェックしていただきました。本書が何とか読み通せるものであるとしたら、それは、このお二人のご協力によるものです。

そして、このプロジェクトを発案し、長期間にわたって我々を励まし多大なご支援をくださった竹田陽一先生に深く感謝いたします。

皆様、ありがとうございました。

経済学部四年生　伊藤秀夫

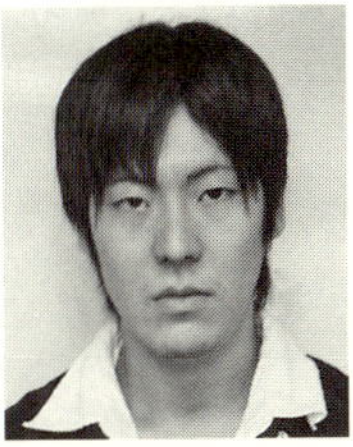

竹田プロジェクトに参加することで、私は大きく成長できたと思います。今まで体験できなかったことを行い、新しいことへ挑戦することの楽しさを知り、チャレンジ精神を培うことができました。また、さまざまな社長さんと出会う中で多くのことを学び、自分自身がいかに勉強不足であるかをしみじみ感じました。

ご協力いただいたoffice.Kの弥永さん、ケアリングの中尾社長、お忙しい中インタビューに応じていただき、その後も文章の校正などにご協力いただきまして、まことにありがとうございました。

私たちのチームは少人数でしたが、一致団結し協力し合って原稿を作り上げ、ときには息抜きし、ときには怒られ、最高に充実した活動でした。また、このような貴重な体験をさせていただいた竹田先生に深く感謝しています。竹田先生がいなければ、このような活動は今後一生できなかったと思います。

これから社会に出る上で、必ずこの経験は役に立つと思います。この活動に参加できて本当に幸せでした。ありがとうございました。

* *

卒業生　高貫槙子

私は、今回のこの活動を通して、人として少し成長できたのではないかと感じています。

多くの社長様から話を聞く中で感じたことは、人として社会人として当たり前のこと、挨拶や感謝の気持ちを忘れてはいけないということです。社長になるためには、勉強もお金も必要です。でも、それだけではないということです。

人間は、一人では生きていけないのです。この活動に参加することができて、本当に良かったと思っています。

私は今年の春から、社会人としての第一歩を歩み始めましたが、この活動で学んだことを絶対に忘れることのないように頑張っています。

お忙しい中、私たちのインタビューに応じていただいたエコ・フラワーの金丸隆社長、アヴァンティの村山由香里社長、パン工房「豆の木」の泊伸一郎社長に心よりお礼を申し上げます。

また、今回このような機会を作っていただき、多くのことを教えてくださった竹田先生に感謝しております。本当にありがとうございました。

経済学部四年生　竹崎智晴

私は、起業時の実態調査プロジェクトを振り返ってみて、自分自身にとって学びになったことがたくさんありました。一番勉強になったことは、インタビューやチームでの活動で何かしらの行動をするときに、気がついたことを少しずつでも工夫していくということがとても大切なのだということです。例えば、インタビューで話を聞く順番やちょっとした言葉遣いなどで、相手に対する印象や答えが変わってくるということなどがありました。

今回のインタビュー、本の出版にあたって、

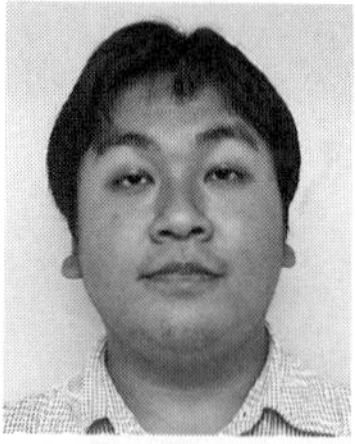

お忙しい中インタビューにご協力くださったアーヴァンの綾戸一由社長、エイエス九州の前田雅史社長、トライアングルの

山北雅春社長、泰山の今林潤一社長をはじめとする皆様、西原宏教授、竹田陽一先生の度重なるご協力、ご助言のおかげで、学生である私たちにとって、とても有意義な活動になったのではないかと思います。この場をお借りして改めて感謝の気持ちをお伝えしたいと思います。

＊　＊

経済学部三年生　畑中玲子

まず、私にこのような素晴らしい機会を与えてくださいました竹田陽一社長、ありがとうございました。インタビュー活動の頃から何度もお世話になりました咲ら化粧品の森咲子社長、今回原稿を書くにあたって一緒に校正をしていただきましたHAILの末永弘子社長、やさしい笑顔でポジティブなお話をしてくださった市来税理士には心から感謝しています。

私は二年間に及ぶこの活動を通して、社会で生き生きと働いていらっしゃる多くの社長にお会いすることができました。そして、お会いした方々のように、私も輝いている大人になりたいという思いが一層強まりました。これからは自分の目指す大人に近づけるよう、努力していきたいと思います。

＊　＊

経済学部三年生　藤原一成

この竹田プロジェクトで私は、社長にインタビューをさせていただき、そして、その体験を本にするという一生に一度できるか分からない、とても貴重な体験させていただきました。

社長インタビューでは、二人の社長さんとお話したとき、私は大きな憧れを抱きました。自分に真っ直ぐに生きていてキラキラと輝いているお二人のように、私も自分に素直になって、輝いて生きていたいと本気で思いました。

また、私はある社長の原稿を書いているとき、質問を書いたメールを送ったのですが、文章の書き方がとても悪く、その方を怒らせてしまい、結局原稿を没にしてしまいました。添削に協力してくださった先生方やメンバーにも大きな迷惑をかけ、私は自分の不甲斐なさに心底情けなくなりました。大人の社会では、手紙やメールの文章に細心の注意を払わないといけないということが身に染みて分かりました。

しかし、私はこの失敗を通じて、社会に出る前に非常に役立つことを学ぶことができました。それで、私は同じ間違いを繰り返さないことを心に決めました。活動中、竹田先生にはいつも励ましていただきました。これだけの濃密なことをさせていただいて、本当にありがとうございました。

＊　＊

経済学部三年生　牧田大樹

私が昨年からこの活動を行ってきて一番学んだことは、「読む人の気持ちを考えながら文章を書く」ということです。ゼミナールなどで本を「読む」ことは多くても、文章を「書く」こととなれば、違った難しさがありました。どうすればこの本を読んでいる人を楽しませることができるかを常々考え、四苦八苦しながら文章を書いてきました。まだ、文章として、人を惹きつけられるレベルに達していないかもしれませんが、自分たちでインタビュー活動を行ったものを題材に、自分たちで文章を書くという素

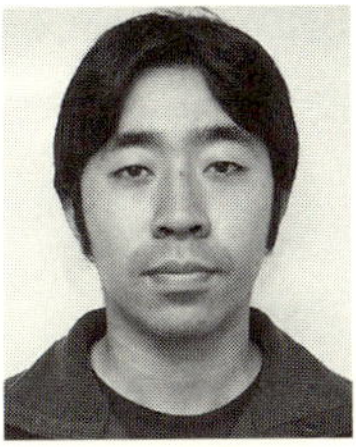

晴らしい経験をすることができました。

お忙しい中、私たちのインタビューに応じていただいたナポレオンフィッシュの岡田崇正社長、NUTSの直井哲也社長、オフィスエイツの財津ユカ社長、アリオンの光武京子社長、福一不動産の古川隆社長には心から感謝しています。

最後に、このプロジェクトを進めるにあたり、私たちに惜しみなく協力してくださった竹田先生にお礼を申し上げたいと思います。ありがとうございました。

＊　＊

法学部二年生　松下剛平

私はこの活動を通して、文章を書くことの難しさ、完成したときの達成感を感じることができました。そして、何でも積極的にやろうとするチャレンジ精神、人との出会いを大切にすることを学んだような気がします。

私はこの活動に参加したことで、いつも思いやりをもち、そして私たちのことをいつも考えてくれる竹田先生と出会うことができました。竹田先生は文章のアドバイスだけでなく、これからの人生でためになることをたくさん教えてくださって、本当に勉強になりました。

竹田先生と出会えたことで、ビー・ウエイブの藤井伸亮社長とも出会うことができました。竹田先生と出会えなければ、本を書く機会なんてなかっただろうし、

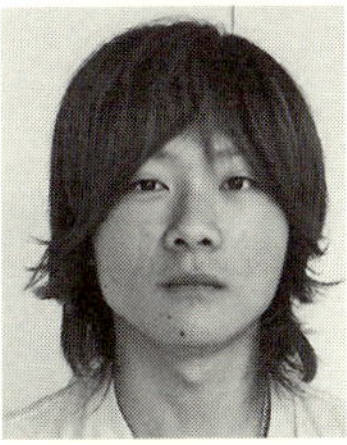

藤井社長、西原教授、竹田プロジェクトのメンバーと出会って何かをすることも絶対になかったと思います。この活動は私のこれからの人生の大き

な財産になりました。

竹田先生、藤井社長、そしていつも私たちのことを考え、これから社会に出たときためになること、大切なことを教えてくださった西原教授、そしていつも困ったときに支えてくれた竹田プロジェクトのメンバーに感謝したいと思います。本当にありがとうございました。

学生《がくせい》が選《えら》んだ魅力的《みりよくてき》な経営者《けいえいしや》
福大《ふくだい》ベンチャー・ブックス①

■

2007年11月22日　第1刷発行

■

編者　福大ベンチャー起業論竹田プロジェクト
発行者　西　俊明
発行所　有限会社海鳥社
〒810-0074 福岡市中央区大手門3丁目6番13号
電話 092(771)0132　FAX 092(771)2546
http://www.kaichosha-f.co.jp
印刷・製本　有限会社九州コンピュータ印刷
ISBN978-4-87415-657-5
［定価は表紙カバーに表示］